十二生肖中國年

李零／著

作者簡介

李零

生於一九四八年，北京大學人文講席教授，美國藝術與科學院院士。研究、著述範圍涉及諸多領域，如考古、古文字、古文獻，以及方術史、思想史、軍事史、藝術史和歷史地理。

著有《我們的經典》、《我們的中國》、《波斯筆記》、《入山與出塞》、《萬變》、《子彈庫帛書》、《簡帛古書與學術源流》、《蘭台萬卷》、《中國方術考》、《放虎歸山》、《花間一壺酒》、《何枝可依》、《鳥兒歌唱》、《兵以詐立》、《喪家狗》、《小字白勞》等。

自序

今年，我已經七十一歲。馬上就是下一年，我的本命年。

每年過生日，學生都請我吃飯。我說，過一回少一回，樂一回是一回。

去年過年，朋友聚會。飯桌上，大家湊了個對聯，我出下聯，請在座的對上聯。結果由王軍補齊。聯曰：東南西北中，七星高照；吃喝拉撒睡，五福臨門。

老年人最關心這五件事。這五件事辦好，才能接着過。

我們戴的手錶，大針刻度12，小針刻度60。12是12小時，60是60分、60秒。惜春陰，怕花開早。時間是滴滴答答，一點一點往前挪。年輕時，誰不是時間富翁？

我們的頭上有個大鐘，掛在天上的鐘，指針是北斗。斗轉星移，一年又一年。十二年如十二小時。一點是鼠，兩點是牛，三點是虎，四點是兔，五點是龍，六點是蛇，七點是馬，八點是羊，九點是猴，十點是雞，十一點是狗，十二點是豬，是為中國年。

人生能有幾個十二年？

「從心所欲」的意思是甚麼？我算想明白了。你的時間不多了，該吃吃，該喝喝，該幹嗎幹嗎吧，除了老天爺，沒人攔着你。在這個世界上，再也沒有甚麼捨不下了。捨不下也得捨。捨了就自由了。

七十頭上，回死由亡，絕筆春秋，孔子是這麼走的。

現在，七十不算老。我更喜歡孔子的另一段話，「其為人也，發憤忘食，樂以忘憂，不知老之將至云爾」（《論語·述而》）。

馬君武有詩，「百年以後誰雄長，萬事當前只樂觀」（《京都》）。

好好活吧。

二〇一九年十月於北京藍旗營寓所

補記：

近出海昏侯墓《易占》簡，以動物配卦，種類繁多。其中有些見於十二屬，有些見於三十六禽，有些見於兩者之外。十二屬，有雌，無猿、猴，未見犬、狗；三十六禽，除與十二屬重合者，還有蟹、豹、蛟、魚、雁、豺、狼，我有考釋，待刊。

目錄

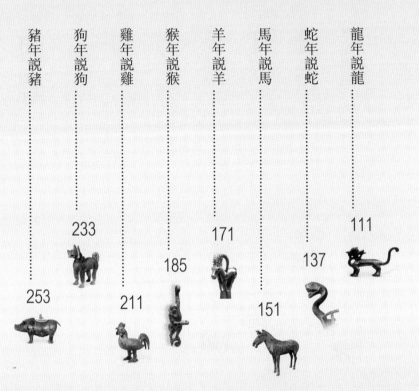

甚麼是十二生肖（十二問）

十二生肖【圖1】，家喻戶曉，好像誰都懂，其實不然，這裏面的名堂可大了去了。每年過年，我都會想想，今年的動物，牠後面有甚麼故事。這個話題與中國動物有關，與中國方術有關，與我長期關注的古代文物有關。三十年前，我曾專門討論，[1] 這裏再次談論，我想設為問答，先把十二生肖的概念梳理一下，盡量簡單地解釋一下，讓大家有個總體印象。

問答一

問：甚麼是十二生肖？

答：十二生肖是十二種動物，十二種動物代表十二支，生指生辰，肖指肖形，即標誌生辰的動物形象。

十二生肖也叫十二屬。屬指屬相，即自己屬於這十二種動物形象的哪一種。

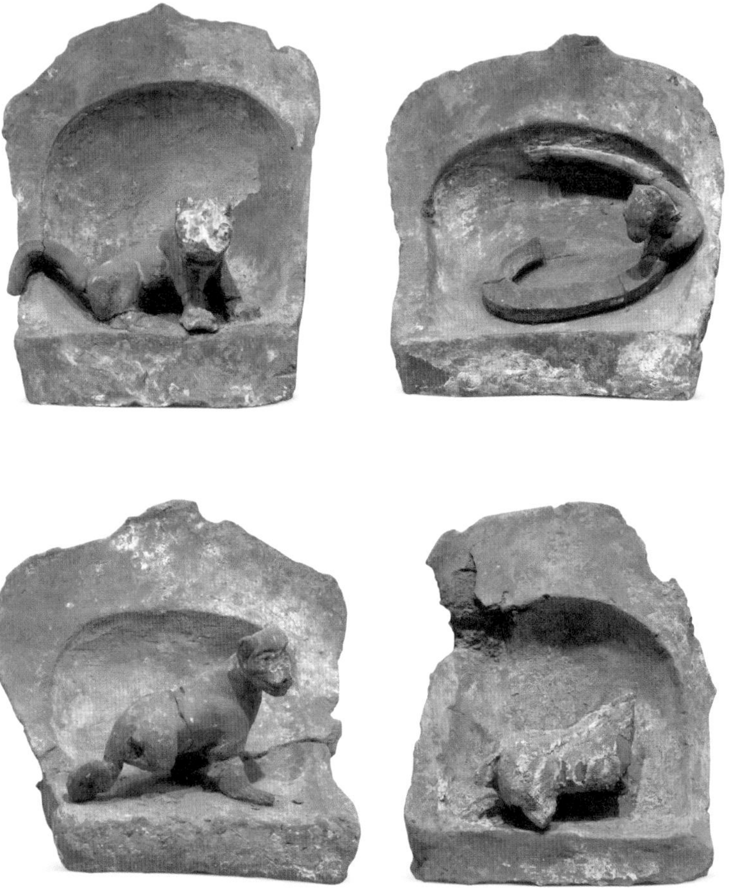

圖 1-1
北朝崔氏墓出土十二生肖俑：
虎（左上）、蛇（右上）、猴（左下）、豬（右下）
山東博物館藏

圖 1-2
唐十二生肖俑
中國國家博物館藏

圖 1-3
西安市郊出土十二生肖俑
陝西歷史博物館藏

我們每個人生於哪年哪月哪日哪時，全都可以用干支表示，俗稱生辰八字。如屈原《離騷》「帝高陽之苗裔兮，朕皇考曰伯庸。攝提貞於孟陬兮，惟庚寅吾以降」，「攝提」是太歲在寅，表示生年；「孟陬」是正月，表示生月；「庚寅」是干支，表示生日。古代用十二小時制，每天分十二個時辰，就連時辰也用干支表示。

現在講十二生肖，主要跟生年有關，但出土日書，十二生肖跟生日關係更大。

表一：十二生肖

子　鼠	辰　龍	申　猴
丑　牛	巳　蛇	酉　雞
寅　虎	午　馬	戌　狗
卯　兔	未　羊	亥　豬

問答二

問：十二生肖是甚麼時候出現的？

答：「生肖」一詞，可能出現比較晚，目前所見，主要流行於宋以來。十二屬的叫法可能早一些，至少南北朝就有，如《七錄》有《十二屬神圖》一卷（見《隋書·經籍志》），南朝沈炯有《十二屬》詩。[2]

其實，不管這個詞甚麼時候出現，十二生肖的系統早就有，如放馬灘秦簡《日書》甲種《亡盜》篇、睡虎地秦簡《日書》甲種《盜者》篇和孔家坡漢簡《日書·盜日》篇都提到這一系統。[3] 放馬灘秦簡，年代屬戰國秦，睡虎地秦簡屬秦代秦。

十二生肖，至少可以追到戰國晚期。

問答三

問：甚麼是十二支？

答：十二支是中國曆法的一套符號系統。中國曆法以天干地支組成六十甲子，用六十甲子記年月日時。天干是一套符號，地支是一套符號，兩者配合使用。干的意思是樹幹，支的意思是樹枝。

天干，即甲、乙、丙、丁、戊、己、庚、辛、壬、癸。

地支，即子、丑、寅、卯、辰、巳、午、未、申、酉、戌、亥。

十干是附會天有十日，也叫日干。十二支也叫十二辰，辰是日月相會之所，與月的劃分有關。我們的生年也是十二年一輪，與十二月相似，所以也叫生辰。

問答四

問：天干、地支的來源是甚麼？

答：十干屬十進制，十進制源於掰手指，用手指記數。如商代甲骨文以十日為一旬，三十日為一月，即屬十進制。十進制是單純的數字累進，與空間劃分無關。空間劃分，十進制並不方便。

十二支屬十二進制，十二進制是幾何劃分，類似切蛋糕，一刀下去是二分，兩刀下去是四分。八分、十二分、十六分、二十四分、二十八分、三十六分都是類似劃分，這些劃分都是四的倍數。

一年四分是春、夏、秋、冬四時，一年十二分是春、夏、秋、冬各分孟、仲、季，共十二月。同樣，一日也可四分和十二分。一日四分是朝、晝、昏、夕，等於一日之內的春、夏、秋、冬。一日十二分是夜半、雞鳴、平旦、日出、食時、隅中、日中、日昳、晡時、日入、黃昏、人定，等於一日之內的十二月。四分是大時，十二分是小時。

中國古代的小時，不僅有十二時制，還有十六時制。十六時制是一日十六分，主要着眼點是分至啟閉、晝夜長短。一年之內，日夕進退有十六分比，如日八夕八是晝夜平分，日九夕七是晝長夜短，日七夕九是晝短夜長。

二十四分，如二十四節氣。現在的小時是二十四小時，等於一日之內的二十四節氣。二十八分，是對應二十八宿，三十六分，是對應三十六禽，這些也是幾何劃分。

問答五

問：天干、地支如何相配？

答：干支相配，包含四分和五分的矛盾。四時十二月配東、南、西、北四方，是幾何劃分，比較整齊。四時十二月配金、木、水、火、土是五分，五這個數字，跟十進制有關，比較麻煩。戰國秦漢的時令書，除四時時令，還有五行時令。四時時令是二十四節氣，五行時令是三十節氣。十干配四分系統，必須加一進五，才能配東、南、中、西、北，通常是把戊己放在中央，中宮如果被佔，就得把土行放在季夏。北京城有五座著名的娘娘廟，號稱五頂廟，本來應該東、南、西、北、中各一座，中被紫禁城佔了，只好把中頂擱西南角，就是這樣安排。漢以後，除術家用五行時令，通行時令是四時時令。

十干配十二支，全部輪一遍，其數為六十。六十甲子表，商代就有。六十進制，並非咱們中國獨有，兩河流域和瑪雅也有。東西方和新舊大陸都有六十進制，乃是人心同理，有類似需求，就有類似考慮，不一定是傳播的結果。過去流行傳播論，學者以為兩河流域比中國古老，中國的天文曆法系統與之相似，必定是受兩河流域影響，這種思考方法，本身就有問題。

我們的手錶，時針刻度是十二分，分針、秒針是六十分。李約瑟認為，鐘錶是中國的發明。[4]

表二：六十甲子

甲子	乙丑	丙寅	丁卯	戊辰	己巳	庚午	辛未	壬申	癸酉
甲戌	乙亥	丙子	丁丑	戊寅	己卯	庚辰	辛巳	壬午	癸未
甲申	乙酉	丙戌	丁亥	戊子	己丑	庚寅	辛卯	壬辰	癸巳
甲午	乙未	丙申	丁酉	戊戌	己亥	庚子	辛丑	壬寅	癸卯
甲辰	乙巳	丙午	丁未	戊申	己酉	庚戌	辛亥	壬子	癸丑
甲寅	乙卯	丙辰	丁巳	戊午	己未	庚申	辛酉	壬戌	癸亥

問答六

問：十二生肖與二十八宿是甚麼關係？

答：十二生肖屬曆法系統，二十八宿屬天文系統。

中國古代的天文系統，見《淮南子·天文》、《史記·天官書》。司馬遷把天官分為兩大系統，一個系統以太一、北斗和二十八宿為主，一個系統以日月五星為主。前者以太一鋒（太一加三一）或北斗居中宮，有如錶針，二十八宿居東、南、西、北四宮，有如錶盤刻度。後者以日為陽，以月為陰，代為升降；歲星（木星）、熒惑（火星）、鎮星（土星）、太白（金星）、辰星（水星）居東、南、中、西、北。一個是四分系統，一個是五分系統。前者是配四時十二月，後者是配陰陽五行。

太一鋒以太一為軸，三一為針。北斗以北極為軸，斗柄為針。這兩個指針很重要。二十八宿配動物，是以蒼龍七宿居東宮，朱雀七宿居南宮，白虎七宿居西宮，玄武七宿居北宮，古人叫四神或四靈。四神或四靈是四種瑞獸，帶有神秘色彩。

十二生肖是出現在各種曆書。中國古代的曆法系統，與戰國秦漢的選擇術有關。戰國秦漢，流行用式盤和曆書選擇時日。曆書分時令書和日書。時令書講四時十二月的宜忌，每個月可以幹甚麼，不可以幹甚麼，日書講每一天的宜忌，進一步細化。這種書跟日常生活關係大，更具世俗性。

十二生肖配二十八宿，是以蒼龍七宿配虎、兔、龍，朱雀七宿配蛇、馬、羊，白虎七宿配猴、雞、狗，玄武七宿配豬、鼠、牛。如《西遊記》第六回提到的虛日鼠、昴日雞、星日馬、房日兔就是以十二生肖配二十八宿。

表三：二十八宿

蒼龍七宿	玄武七宿	白虎七宿	朱雀七宿
角	斗	奎	井（東井）
亢	牛（牽牛）	婁（婁女）	鬼（輿鬼）
氐	女（婺女、須女）	胃	柳
房	虛	昴	星（七星）
心	危	畢	張
尾	室（營室）	觜（觜巂）	翼
箕	壁（東壁）	參	軫

問答七

問：十二生肖是幹甚麼用的？

答：十二生肖與人的出生有關。古人認為，人活一輩子，甚麼都跟出生有關，十二生肖是用來推算人的命運。

西方測年命，有所謂黃道十二宮，即白羊座、金牛座、雙子座、巨蟹座、獅子座、室女座（處女座）、天秤座、天蠍座、射手座（人馬座）、摩羯座（山羊座）、寶瓶座（水瓶座）、雙魚座。這套天官是來源於兩河流域。如今的年輕人喜歡講星座，與我們的十二生肖功能相似。

出土日書講十二生肖，見於放馬灘秦簡《日書》甲種和睡虎地秦簡《日書》甲種，主要跟抓「亡盜」（負案在逃的盜賊）有關。[5] 抓逃犯的日子跟逃犯的長相和私名有關。如子日生肖為鼠，是日亡盜，一副鼠相。私名，則與生日有關。古人取名，必有成書，供人選擇。

簡文所見私名，有些是據干日，如甲對庚，乙對辛，私名叫甲的人是庚日亡盜，私名叫乙的人是辛日亡盜；有些是據支日，如子對午，丑對未，私名叫午的人是子日亡盜，私名叫未的人是丑日亡盜。

古人取名，方法很多，有些是據動物的特點，如鼠是穴蟲，會挖洞，私名叫孔的人是子日亡盜；牛走得慢，脾氣好，私名叫徐或善的人是丑日亡盜；有些用諧聲的方法，如鹿（代馬）諧音祿。[6]

表四：中國的十二生肖與西方的黃道十二宮

鼠	寶瓶
牛	摩羯
虎	射手
兔	天蠍
龍	天秤
蛇	室女
馬	獅子
羊	巨蟹
猴	雙子
雞	金牛
狗	白羊
豬	雙魚

問答八

問：十二生肖與八卦是甚麼關係？

答：《易傳．説卦》以動物配卦，有「乾為馬，坤為牛，震為龍，巽為雞，坎為豕，離為雉，艮為狗，兑為羊」之説。具體到每一卦，又有一些更具體的説明，如乾為馬，包括良馬、老馬、瘠馬、駁馬；坤為牛，包括子牛、母牛；震為龍，涉及相馬，「其於馬也，為善鳴，為馵（音 zhù；粵音注*）足，為作足，為的顙（音 sǎng；粵音爽）」；坎為豕，涉及相馬，「其於馬也，為美脊，為亟心，為下首，為薄蹄，為曳」；離為雉，同時又「為鱉，為蟹，為蠃，為蚌，為龜」；艮為狗，同時又「為鼠，為黔喙之屬」。

表五：動物配卦

乾	坤	震	巽	坎	離	艮	兑
馬	牛	龍	雞	豕	雉	狗	羊

問答九

問：古書提到的動物生月是甚麼意思？

答：《大戴禮．易本命》有段話，據説與易數有關：「天一，地二，人三；三三而九，九九八十一；一主日，日數十，故人十月而生。八九七十二，偶以承奇，奇主辰，辰主月，月主馬，故馬十二月而生。七九六十三，三主斗，斗主狗，故狗三月而生。六九五十四，四主時，時主豕，故豕四月而生。五九四十五，五主音，音主猿，故猿五月而生。四九三十六，六主律，律主禽鹿，故禽鹿六月而生也。三九二十七，七主星，星主虎，故虎七月而生。二九十八，八主風，風主蟲，故蟲八月化也。其餘各以其類也。」──《淮南子．墜形》、《孔子家語．執轡》有類似說法。[7]

這段話提到的動物生月是指動物孕期。[8]其懷胎月數與九九數相配，取其餘數，正好與生月的次序相應。俗話說「一雞二鴨，貓三狗四，豬五羊六，人七馬八，九果十菜」，就是講這類排序，不僅人有生月，植物也有。

上文的動物生月，未必準確。如人的孕期約為二百八十天，合九個多月，不到十個月。馬的孕期約為 335-342 天，合十一個多月，不到十二個月。狗的孕期約為 58-63 天，合兩個月左右，不到三個月。猿類的孕期約為 210 天，合七個月，大大超出五個月。鹿的孕期約為 230 天，將近八個月，大大超出六個月。虎的孕期約為 93-114 天，約合三個多月，遠遠不夠七個月。只有豕，孕期約為 110-120 天，差不多正好是四個月，比較準確。

古人講生月，一月、二月和九月、十一月缺載。我懷疑，一月可能是鼠，鼠的孕期約為 22 天，不足一個月；二月可能是貓，貓的孕期約為 56-71 天，合兩個月或兩個多月；九月可能是牛，牛的孕期約為 280 天，合九個多月；十一月可能是驢，驢的孕期與馬相近。[9]

表六：動物生月

動物	孕期	九九數
〔鼠：口主鼠〕	〔一月而生〕	〔9×9=81（餘數1）〕
〔貓：口主貓〕	〔二月而生〕	〔9×8=72（餘數2）〕
狗：斗（斗柄三星）主狗	三月而生	9×7=63（餘數3）
豕：時（四時）主豕	四月而生	9×6=54（餘數4）
猿：音（五音）主猿	五月而生	9×5=45（餘數5）
鹿：律（六律）主鹿	六月而生	9×4=36（餘數6）
虎：星（七星）主虎	七月而生	9×3=27（餘數7）
蟲：風（八風）主蟲	八月而化	9×2=18（餘數8）
〔牛：口主牛〕	〔九月而生〕	〔9×1=9（餘數9）〕
人：日（十日）主人	十月而生	9×10=90（餘數0）
〔驢：口主驢〕	〔十一月而生〕	〔9×11=99（餘數9）〕
馬：月（十二月）主馬	十二月而生	9×12=108（餘數8）

問答十

問：十二生肖與三十六禽是甚麼關係？

答：三十六禽是三十六種動物，見上海博物館藏六朝銅式、隋蕭吉《五行大義．論三十六禽》和唐李筌《太白陰經．推三十六禽法》。表面看，三十六禽是十二生肖的擴大，實際並非如此。[10]

下面是四份材料。

材料一：放馬灘秦簡《日書》乙種《五音占》《音律貞卜》講問病，與鐘律相配有很多動物，除與十二生肖有關的鼠、牛、虎、兔、龍、蛇、馬、羊、貆（猿）、雞、犬、豕，還有人、兕（音 sì）牛、貘（貓）、雉、豺、赤彖，以及王蟲、鼉（音 tuó；粵音陀）黿（音 yuán；粵音元）龜、閭（驢）等。[11]

材料二：睡虎地秦簡《日書》甲種《盜者》的十二生肖與今不盡同，如子鼠所附取名之字有鼷，寅虎所附取名之字有犴（音 àn；粵音寒）、貙（音 chū；粵音吹）、豹；辰位所配之禽缺，所附取名之字有貜；巳位配蟲而非蛇；午位配鹿而非馬；未位配馬而非羊；申位配環（猿）而非猴，所附取名之字有貉（音 hé；粵音學）、豺；酉位配水而非雞；戌位配老羊而非狗；亥位配豕而非豬，所附取名之字有豚。[12]

材料三：孔家坡漢簡《日書·盜日》的十二生肖與睡虎地秦簡《日書》甲種《盜者》略同，稍異者，卯位兔訛鬼，申位配玉石，戌位配老火。[13]玉石配金位，見《五行大義·論三十六禽》；老火，《五行大義·論三十六禽》引《禽經》：「暮為死火者，戌為火墓也。」由此看來，睡虎地秦簡《日書》甲種《盜者》的老羊可能是老火之誤。[14]

材料四：葛洪《抱朴子·登涉》說，山中鬼怪，各有名號，與十二支相配，鼠與伏翼（蝙蝠）並列，虎與狼、老狸並列，兔與麋、鹿並列，龍與魚、蟹並列，社中蛇與龜並列，馬與老樹並列，羊與獐並列，猴與猿並列，老雞與雉並列，犬與狐並列，豬與金玉並列，顯然是類似系統。

這些材料足以說明，十二生肖是從一個更大的名單選出，最初並不固定。

表七：三十六禽（用□圍起的字是十二生肖）[15]

子	蝠、**鼠**、燕	辰	**龍**、蛟、魚	申	狚、猿、**猴**
丑	**牛**、蟹、鱉	巳	蚓、鱔、**蛇**	酉	雉、**雞**、烏
寅	豹、狸、**虎**	午	鹿、**馬**、獐	戌	**狗**、豺、狼
卯	蝟、**兔**、貉	未	**羊**、鷹、雁	亥	豕、豚、**豬**

問答十一

問：中國，動物很多，為甚麼單挑鼠、牛、虎、兔、龍、蛇、馬、羊、猴、雞、狗、豬作十二生肖？

答：曆書是民間生活所需。民間候氣知時，主要靠觀察動植物的變化，即所謂物候，如草木隕落、飛鳥遷徙，而不是天象。十二生肖與普通人的日常生活關係更大。[16]

這批動物分三類，瑞獸、家畜和野生動物。

龍是瑞獸，屬於想像中的動物。龍為鱗蟲之長（配木行），鳳為羽蟲之長（配火行），麟為毛蟲之長（配金行），龜為介蟲之長（配水行），人為倮蟲之長（配土行），是謂五靈。十二生肖只選龍。蒼龍七宿代表春。《易·乾》以乾為龍，九二曰「見龍在田」。俗話說，「二月二，龍抬頭」。漢高祖最重祭靈星，靈星的出現與農事有密切關係。靈星也叫龍星、天田星。十二生肖，只有龍是天象。

馬、牛、羊、雞、犬、豕是家畜，跟人關係最密切，全部入選。貓雖跟人住一塊，但十二生肖沒有貓（三十六禽有）。

蛇、鼠、虎、兔、猴是野生動物，最常見，最普通。

十二生肖以獸為主，鳥只有雞，蟲只有蛇，魚一點沒有。

問答十二

問：十二生肖起源於漢族和漢地，漢族和漢地以外有十二生肖嗎？

答：有。林梅村考證，十二生肖傳播範圍甚廣，不僅見於印度、樓蘭、疏勒、于闐、龜茲、焉耆、粟特等西域古國，也見於越南、老撾、柬埔寨、緬甸、泰國、朝鮮、日本，以及突厥、回鶻、蒙古、藏、彝等族。[17] 有趣的是，印度佛經把老虎換成了獅子，伊朗十二生肖，虎換豹，龍換鯨。

註釋

1 李零《中國方術正考》，北京：中華書局，二〇〇六年，172-183頁。

2 十二生肖類似子彈庫帛書的十二月神，也是用動物形象代表每個月的月神。

3 甘肅省文物考古研究所編《天水放馬灘秦簡》，北京：中華書局，二〇〇九年，84-85頁：簡22-41；睡虎地秦墓竹簡整理小組編《睡虎地秦墓竹簡》，北京：文物出版社，一九九〇年，219-222頁：簡69背-82背；83背壹-96背壹；湖北省文物考古研究所、隨州市考古隊編《隨州孔家坡漢墓簡牘》，北京：文物出版社，二〇〇六年，175頁：簡367-378。

4 李約瑟《中國科學技術史·天文卷》，北京：科學出版社，一九七五年，347頁；李志超《水運儀象志》，合肥：中國科學技術大學出版社，一九九七年。

5 《天水放馬灘秦簡》，84-85頁；《睡虎地秦墓竹簡》，219-222頁。

6 《中國方術正考》，172-183頁。

7 《淮南子·墬形》狗作犬，豕作彘，禽鹿作麋鹿。《孔子家語·執轡》禽鹿作鹿。

8 郭郛等《中國古代動物學史》，北京：科學出版社，一九九九年，197-198頁。

9 郭郛以貓生二月，牛生十月，水牛生十一月，見《中國古代動物學史》，198頁。

10 《中國方術正考》，181-183頁。

11 《天水放馬灘秦簡》，97-99頁。

12 《睡虎地秦墓竹簡》，219-222頁。

13 湖北省文物考古研究所、隨州市考古隊編《隨州孔家坡漢墓簡牘》，北京：文物出版社，二〇〇六年，175-176頁。

14 《五行大義·論三十六禽》除以三十六禽配十二支，各分旦、晝、暮，還以三十六禽配五行，以五行分屬旦、暮。如寅位，旦為生木；申位，旦為玉，暮為死石；酉位，暮為死石或死土；戌位，暮為死金或死火；亥位，旦為生木，暮為朽木等。

15 此表是據上海博物館藏六朝銅式，蝠原作蝮，蟹原作獬，蚓原作蟫。《五行大義·論三十六禽》與上海博物館藏六朝銅式略同，但個別字和順序略有不同，如子位作燕、鼠、伏翼，寅位作狸、豹、虎，巳位作蟮、蚯蚓、虵，申位作貓、猿、猴，戌位作狗、狼、豺，亥位作豕、貜、豬。《太白陰經·推三十六禽法》作「東方：狸、虎、豹，兔、貉、蛟，龍、魚、蝦；南方：（鱔）、蚓、蛇，狙、鹿、獐，雁、羊、鶩；西方：猿、犺、猴，烏、雞、犬，豕、豺、狼；北方：熊、豬、羆，燕、鼠、蝠，蟹、牛、鱉」，差異較大。

16 十二生肖為甚麼只選龍，不選其他瑞獸或四象之類，《五行大義·論三十六禽》曾有所討論。蕭吉認為十二生肖「皆以知時候氣」是對的，但又曲為之說，以十二生肖為北斗七星所散（類似後世的紫微斗數）。

17 林梅村《西域文明——考古、民族、語言和宗教新論》，北京：東方出版社，一九九六年，111-129頁。

編按

＊書中所註粵語同音字為中文繁體字版編輯根據「粵語審音配詞字庫」（https://humanum.arts.cuhk.edu.hk/Lexis/lexi-can/）所加。

鼠年說鼠

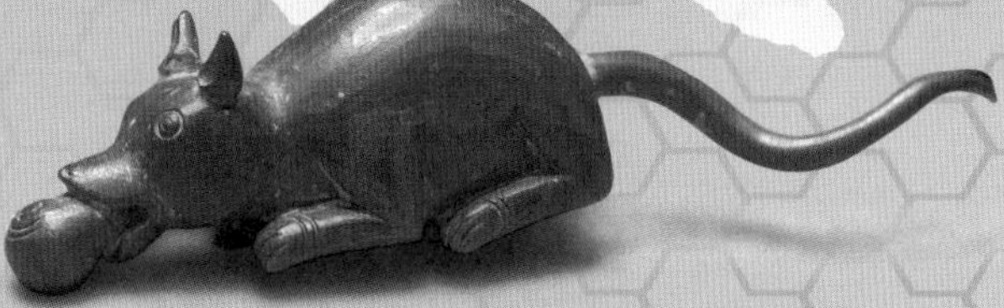

中國曆法，夏曆建寅，殷曆建丑，周曆建子。周曆以夏曆十一月為歲首，以子位為正月。子鼠子鼠，出洞覓食，專挑子時，牠得躲着人。

子時是一天的開始，也是六十甲子的開始，難怪十二生肖鼠為大。

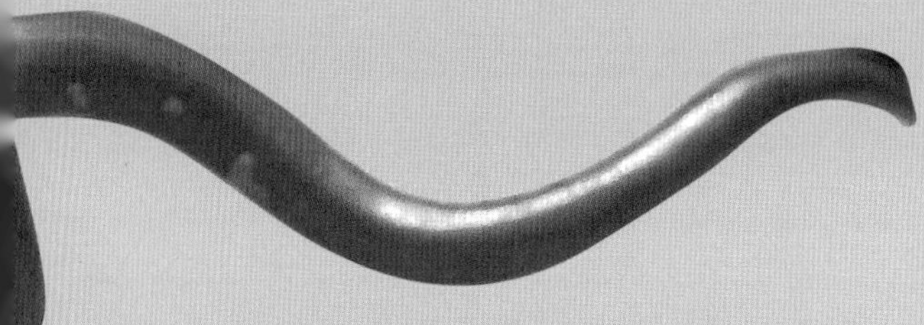

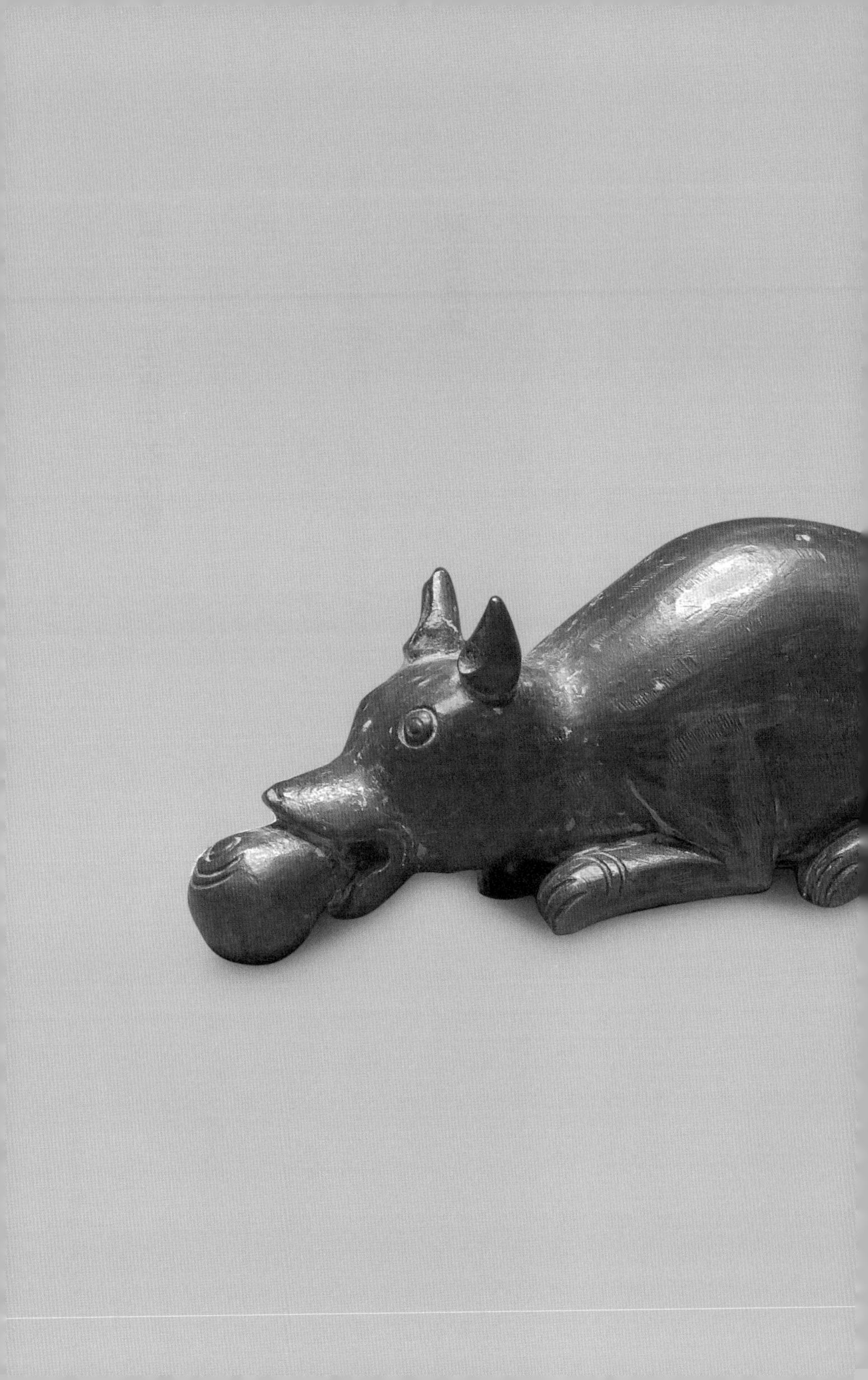

鼠在十二生肖中的位置

十二生肖，以鼠配子，放馬灘秦簡《日書》甲種、睡虎地秦簡《日書》甲種、孔家坡漢簡《日書》同。[1]

三十六禽，蝠、鼠、燕並列。蝙蝠像鼠又像燕，有翼，也叫伏翼，[2]今語稱燕模虎、燕蹩虎、燕別戶。放馬灘秦簡《日書》乙種講鐘律配獸，其中有鼠，[3]未見蝠、燕。

無名鼠輩

我是一九四八年生，屬鼠。我有很多朋友，跟我一塊長大一塊玩，都是這個屬相。

我記得，二十世紀八十年代，中國突然冒出很多小名人，讓我好生奇怪。我一直以為，只要老同志還活得健健康康，小蘿蔔小土豆永遠不可能出名。我跟我的朋友說，咱們年輕那陣兒（我是說七十年代），除了報紙上頻頻出現的國家領導、勞模英模，根本沒人出名，出名等於「不要命」，一句話說錯，很可能打成「反革命」，咱們都是無名鼠輩。

畏首畏尾，身其餘幾

俗話說，膽小如鼠。

鼠，膽小，怕貓，怕貓頭鷹，怕黃鼠狼，天上怕，地上怕，甚麼都怕。老鼠出洞，總是探頭探腦，小心翼翼，順着牆根溜，貼着東西走，以地形地物為掩護。投鼠忌器的道理，牠比人懂。兒歌本來唱的是，「兩隻老虎，兩隻老虎，跑得快，跑得快。一隻沒有腦袋，一隻沒有尾巴，真奇怪，真奇怪」，一個顧頭不顧腚，一個顧腚不顧頭。

古人說「首鼠兩端」（《史記·魏其武安侯列傳》），「畏首畏尾，身其餘幾」（《左傳》文公十七年）。老鼠的特點是瞻前顧後。

古之所謂鼠

鼠是齧齒動物。嚙齒目分鼠形亞目、松鼠亞目、豪豬亞目。鼠形亞目包括各種倉鼠、田鼠、家鼠，松鼠亞目包括各種松鼠和河狸，豪豬亞目包括各種豪豬。牠們數量龐大，佔哺乳動物的一半。《爾雅·釋獸》把獸分為地上、地下兩大類，地上的叫寓屬，地下的叫鼠屬，正好一半一半。

老鼠，誰都知道，不用介紹。

松鼠有大尾巴。我養過松鼠，一驚一乍，養不成。牠那個大尾巴，稍有風吹草動，毛就奓（音 zhà；粵音乍；張開的意思）起來。

豪字的本義是豪豬，渾身是刺，讓捕食者無法下嘴。豪豬不是豬，而是老鼠的親戚。廣東人特別喜歡豪字，飯店、人名常用豪字。豪字的意思是富豪，包括土豪，現在叫「成功人士」。

《爾雅．釋獸》提到十三個與鼠有關的字，《說文解字．鼠部》提到十九個與鼠有關的字。古之所謂鼠，不光包括老鼠、松鼠，也包括其他科長相相似的動物。如鼬（音 yòu；粵音由）是黃鼠狼，屬於鼬科；鼫（音 shí，又名五技鼠；粵音石）是鼠兔，屬於兔科；鼤（音 wén；粵音文）、鼨（音 zhōng；粵音中）、鼮（音 tíng；粵音廷）、鼳（音 xì；粵音晶）是松鼠，屬於松鼠科。

十二生肖鼠為大

鼠，個兒小，但鼠當子位。中國曆法，夏曆建寅，殷曆建丑，周曆建子。周曆以夏曆十一月為歲首，以子位為正月。子鼠子鼠，出洞覓食，專挑子時，牠得躲着人。子時是一天的開始，

也是六十甲子的開始，難怪十二生肖鼠為大。[4]

鼠這種動物，長着兩對大門牙，見甚麼啃甚麼，成天磨牙。不磨牙，牙齒會瘋長，長到不能吃東西，活活餓死。

牠胃口太好，甚麼都吃，生命力極強，繁殖力極強。有人說，老鼠下崽，崽又下崽，一年下來，如果都能活，可達五千隻（不知是否靠譜），俗話說，「一公一母，一年二百五」，那都是低估。況且這傢伙，記憶力驚人，記吃又記打，上一回當，吃一次虧，馬上一傳十，十傳百，絕沒第二回。

鼠有多厲害，單舉一件事，你就明白。牠居然跟食物鏈的頂端——人住一塊兒。人住地上，白天忙活晚上睡，牠住地下，晝伏夜出不消停。這傢伙，下毒下夾子，水淹、火攻、煙燻，甚麼高招都用了，趕不盡，殺不絕，連人都怵。尤其是女孩子，見了必尖聲怪叫。有人說，假如爆發核大戰，人死光了，首先鑽出來的就是老鼠。

十二生肖，通常只有虎叫老虎、鼠叫老鼠，為甚麼這麼叫，不知道。排座次，老鼠還在老虎前。老虎，號稱「百獸之王」，厲害吧？比不了老鼠。俗話說，老鼠搬家，吃光啃盡，還緊着往家拿，一年四季都有吃有喝。老虎不行，吃了上頓沒下頓，只能靠睡覺打發飢餓。

老鼠與人

老鼠跟人做伴，資格非常老。新石器革命，距今約一萬年。人，自打學會種莊稼，家有餘糧，就被老鼠盯上了。有糧食的地方就有老鼠，尤其是糧倉。老鼠入住其間，自然是鼠界的「成功人士」。

詩云「碩鼠碩鼠，無食我黍」（《詩．魏風．碩鼠》）。碩鼠是大老鼠，常指貪官污吏。鼠本來不大，但對人而言，大本身就是錯誤。人云「鼠竊狗偷」，貓狗最得主人歡心，根本不用偷。老鼠獲此惡名，倒是名正言順。

老鼠搬家，不打招呼，不經批准，當然是盜竊。民以食為天，好端端的糧食，人都不夠吃，愣叫老鼠吃了，當然是浪費。故老鼠也叫「耗子」。其實，貪官污吏才用不着偷。語云「苛政猛於虎」，沒聽說「苛政猛於鼠」。老虎幹事，那都是明目張膽，用不着躲着誰背着誰，一上來就直奔主題，啃屁股、咬脖子，直接下嘴。

老鼠偷吃，偷油偷米麵，搞得人疲於應付，只好搞點妥協，與鼠和諧。於是乎有「老鼠娶親」。老鼠娶親，據說在正月，有說正月初一，有說正月初三，失於考證，不知哪種說法對。反正到了這天，人得隨份子，多少孝敬一下，請牠手下留情，別折騰得太厲害。

老鼠壞，還有一條，傳染疾病。四害，麻雀可以平反，牠不行。歐洲中世紀，黑死病殺了二千五百萬歐洲人，三個人就得死一個。

不過，老鼠跟傳染疾病有關，反倒推動了醫學研究的發展（當然也啟發了日本人，幫他們發明了細菌戰）。小白鼠，好可憐，常被用於醫學實驗。馬、牛、羊、雞、犬、豕，獻肉獻蛋賣力氣，各盡所能，得人誇獎，但小白鼠，受盡酷刑，把一切獻給醫學，好像活該。

老鼠與貓

中國古代，臘月（十二月）結束，有迎貓迎虎之祭。《禮記·郊特牲》：「迎貓，為其食田鼠也；迎虎，為其食田豕也，迎而祭之也。」迎貓是為了抓老鼠。

人對付老鼠，在家養貓，據說十分古老。埃及王陵，貓是神（Bastet），死後隨葬，做成木乃伊，享受國家領導待遇。我國的貓從哪兒來，甚麼時候來？一般認為，比較晚，早期抓老鼠的貓是狸貓，不是現在的家貓。

貓是老鼠的天敵，人類的寵物。敵我友，選邊站隊，貓跟人當然是一撥，與鼠不同。貓跟人是盟友關係，鼠是四害，一直在制裁名單，哪個動物保護組織都不保護。然而考古學家和動物學家說，歷史上，老鼠都是不請自來，貓也是不請自來。老鼠愛你，是愛你的米，牠是衝人的糧食而來，貓也是衝老鼠而來，並非取媚於人，誰讓你有那麼多糧食，養那麼多老鼠呀。這就跟「自由世界」鼓吹全世界「投奔自由」是一個道理，那都是不請自來，擋都擋不住，你今天圍這個，明天剿那個，讓他們窮着亂着，甚至把他們那個「不自由」的老窩都給連鍋端了，他或她更得來。難民潮，德法等國礙於西方的「政治正確性」，還在那兒撐着挺着，特朗普才不管這些，他說了，趕緊修長城吧。

鼠，作為正面形象出現，有《貓和老鼠》（*Tom and Jerry*）中的傑瑞鼠，《米老鼠和唐老鴨》（*Mickey Mouse and Donald Duck*）中的米奇鼠。這兩隻老鼠都是美國老鼠，用日文表達，都可以叫米老鼠（米國的老鼠）。我記得，三島由紀夫說，有隻老鼠，認為自己是貓，但誰都不承認，只好以死明志，一頭扎進水缸（老鼠會游泳，淹不死的）。切腹謝罪是日本傳統。三島由紀夫寫切腹，也真的切腹。他說的老鼠絕不是美國老鼠。美國動漫，貓捉老鼠，撲騰半天，七竅生煙，硬是拿老鼠沒轍。

美國不像老鼠更像貓。

十二生肖，人養的動物（畜生），馬、牛、羊、雞、犬、豕都在，就是沒有貓，[5] 反而讓

老鼠獨大。

天上沒有老鼠

鼠是「地下工作者」。牠住地下，特別接地氣。地下王國是鼠的王國。

小時候，我住在北京東四六條38號（崇禮故居，今63、65號），岡村寧次住過的院。那時的我跟現在的人想法不一樣，我特別討厭四合院，特別羡慕住樓房，原因是平房離地太近，有老鼠出沒。我爸的辦公室，一拉抽屜，老鼠竄出來，裏面全是紙屑。我想，天上肯定沒有老鼠。

美國，花園洋房大草坪，多好，有鼠患。有個教授說，他去看朋友，朋友好客，執意留宿，盛情難卻。老鼠在天花板裏鬧一宿，他實在睡不着，半夜悄悄溜出去，上街找旅館。

現在，我住高層，已經有點忘了。上回在南鑼鼓巷吃飯，桌上的杯盤碗盞忽然哐啷啷好像鬧地震，我還沒反應過來，一隻小老鼠，噌一下躥我肩上，回頭跟我瞪眼，說時遲，那時快，瞬間消失。

旁邊桌上有位食客說，飯館有老鼠，太正常，氣定神閒。

鼠是游擊專家

鼠擅長地道戰。日本鬼子佔河北，河北不像我們老家，山西有千山萬壑、鐵壁銅牆，冀中大平原，沒處躲，沒處藏，於是祭出咱們老祖宗的一大發明，地道戰。

抗日戰爭，日本鬼子挖封鎖溝，八路軍挖地道。抗美援朝，美軍轟炸，黎原將軍發明坑道戰。冷戰時期，中國上空，戰雲密佈，我們天天放《地道戰》、《地雷戰》。《地道戰》的戰法肯定很古老，我們從《墨子》城守各篇尚可略知一二（岑仲勉、葉山做過考證），那方法似是受了挖山洞、挖礦井的啟發。

其實，《墨子》太晚，這是老鼠的發明。

深挖洞，廣積糧，不稱霸

老鼠，天上有鷹，地上有貓，到處是天敵，怎麼辦？挖洞。

現在，天上有衛星、無人機，地上地下，各種導彈，水上水下，各種艦船，地道戰是不是過時了？不是。

我看國防軍事頻道《大家談》，宋曉軍、宋宜昌講敘利亞內戰，地道戰還非常管用。他們說，

一探頭就是死，大家都躲地下。

於是，我想起了一句名言，一九七二年，毛主席號召，「深挖洞，廣積糧，不稱霸」。這話是從朱元璋採納朱升的口號脱出。原話是「高築牆，廣積糧，緩稱王」（《明史・朱升傳》）。兩者的共同點只是「廣積糧」，其他兩句不一樣。

「高築牆」，明朝最愛築城，特別是修長城。修長城是對付北方民族南下。清朝，滿族自己就是南下的北方民族，用不着這玩意兒，改修廟，到處修喇嘛廟。我們「備戰備荒為人民」那陣兒，主要是修防空洞。「文革」中的考古大發現多與「深挖洞」有關。

「廣積糧」，老鼠不會築牆，只會挖洞。挖洞是老鼠的看家本事，俗話說，「龍生龍，鳳生鳳，老鼠的兒子會打洞」。三年困難時期，鼠口奪糧，挖開老鼠洞一看，好傢伙，裏面的糧食還真不少。

「緩稱王」，不是不稱王，只是夾着尾巴做人（人沒有尾巴，狗認慫才夾尾巴），暫時不稱王，以後再說。毛主席說「不稱霸」，是永遠不稱霸。但你不稱霸，有人稱霸，稱霸的要欺負你，怎麼辦？列寧不是宣佈過，沙俄的不平等條約一律作廢，但形格勢禁，虎狼世界廢不了。老鼠，但求有吃有喝不挨打，對牠來說，稱霸太奢侈，簡直就是自不量力，牠才不做這個夢。人，不一樣。夾着尾巴做人，尾巴越來越大，大到夾不住了，怎麼辦？

現在，美食家自稱吃貨，名校高才生人稱學霸，都是專拿壞詞當好詞。有一回，「北京論壇」在釣魚台開會，北大學生採訪，非要我給年輕學子送句鼓勵的話，我脱口而出，就是「深挖洞，廣積糧，不稱霸」。

郭路生（食指）是我們那一代的詩人，與我同庚，他為人真誠，非常低調。去年，我在北大給他祝壽，送他此語。我説「願與路生共勉」。

出土文物中的鼠

出土文物，老鼠比較少見，我所寓目，有兩隻老鼠最漂亮。

1、銅鼠飾件【圖1】，陝西興平市豆馬村漢武帝茂陵遺址出土，展覽定為西漢中期，茂陵博物館藏。

2、遼代水晶老鼠【圖2】，內蒙古喀喇沁旗宮家營子鄉吉旺營子遼墓出土，赤峰博物館藏。

茂陵博物館的老鼠來京展出，展覽叫「與天久長」。我在清華大學藝術博物館隔着展櫃觀察，發現幾個有趣的現象。

第一，説明牌稱此鼠為「銜物鼠」，它口中銜着個小球，這是甚麼「物」？我初以為葡萄，但細看，小球上有一圈一圈的紋飾。

第二，說明牌稱此物材質為「青銅」，但顏色為紅色。我請教過冶金史專家蘇榮譽，他認為，紅色可能是氧化亞銅，宣德爐有類似顏色。

第三，乍看，此鼠與普通老鼠無異，特別是一頭一尾非常像，但細看，它身上有用細刻線紋組成的平行條紋，類似花栗鼠（*Tamias*）。花栗鼠是松鼠科，與普通老鼠不同。此鼠似乎混合了老鼠和松鼠的特點。

第四，它的腹部有一短針，顯然是插在另一器物上。承清華大學藝術博物館談晟廣副館長提供照片，底部可以看得很清楚，紅色上面覆蓋着一層綠色。

我懷疑，此鼠原來可能是插在某種器物上，大概是器蓋上的捉手，而非器鋬，綠色是來自它下面承托的器物。

赤峰博物館的老鼠，晶瑩剔透，卡通範兒，形象十分可愛。

附記：

圖1銅鼠飾件，可參看周天《瑞鼠吐寶：茂陵博物館藏銅鼠的年代與意涵》，《美成在久》二〇二〇年一期，6-21頁。

圖 1-1
銅鼠飾件
茂陵博物館藏

圖 1-2
銅鼠頭部

圖 1-3
銅鼠身上的條紋

圖 1-4
銅鼠底部

圖 2
遼代水晶老鼠
赤峰博物館藏

註釋

1 《天水放馬灘秦簡》，84頁：簡30；《睡虎地秦墓竹簡》，219頁：簡69背；《隨州孔家坡漢墓簡牘》，175頁：簡367。

2 《五行大義・論三十六禽》：「伏翼者，鼠老為之，謂之仙鼠。」

3 《天水放馬灘秦簡》，84頁：簡229。

4 老鼠可以標誌舊的一年結束、新的一年開始，讓我想起美國、加拿大表示迎春的土撥鼠節（Groundhog Day）。土撥鼠（*ynomys*）屬松鼠科。這個節是以土撥鼠結束冬眠、探頭出洞為標誌，定在每年二月二日。

5 《五行大義・論三十六禽》有貓。

牛

牛年說牛

北京流行《九九歌》，最後一句是「九九加一九，耕牛遍地走」。

冬至到春分，一共九十天。九九八十一天，再加九天，正好是春分。耕牛遍地走，才迎來真正的春天。

牛在十二生肖中的位置

十二生肖，以牛配丑。放馬灘秦簡《日書》甲種、睡虎地秦簡《日書》甲種、孔家坡漢簡《日書》同。[1]

三十六禽，牛、蟹、鱉並列，《五行大義》的解釋比較繞。[2] 放馬灘秦簡《日書》乙種講鐘律配獸，其中有牛，[3] 未見蟹、鱉。

牛是大牲口

十二生肖，家畜佔一半，牛居其一。牛當丑位，相當殷曆的正月，也是一年的開始。

北京流行《九九歌》，最後一句是「九九加一九，耕牛遍地走」。冬至到春分，一共九十天。九九八十一天，再加九天，正好是春分。耕牛遍地走，才迎來真正的春天。

六畜，畜者養也。馬、牛、羊、雞、犬、豕都是人養。馬、牛是大牲口，特點是靠力氣吃飯，聽人使喚。司馬遷《報任少卿書》，自稱「太史公牛馬走」，意思是說，我是給皇上當牛做馬的人，只是個奴才。[4] 人使喚牛馬，有一套吆喝，[5] 叫牠走牠走，叫牠停牠停，人使喚人，也有一套吆喝。

五牲，牛、羊、豕、犬、雞，其中沒有馬。牲是犧牲。古代祭祀，牛、羊、豕三牲全叫大牢，只有羊、豕沒有牛叫少牢。漢地，一般不吃馬，牛是犧牲之首。這些給神祇和祖宗祭獻的東西，只是讓他們的在天之靈聞一聞，聞完了，撤下來，分給人吃。

西北多馬，秦人以養馬著稱。《史記·封禪書》講秦人在雍四畤祭祀青、白、黃、赤四帝，以馬代牛，馬也被用作犧牲。[6]

這些動物都是人類馴化和飼養的動物，下場都是進人的肚子。

十二生肖把馬、羊放一塊兒，雞、犬、豕放一塊兒，單把牛拎出，與鼠搭配。

鼠很小，牛很大，但古代郊祭用牛，常被鼷（音xī；粵音兮）鼠咬傷，不得不換牛，重卜郊祭之日。《左傳》三次提到「鼷鼠食郊牛」（成公七年、定公十五年、哀公元年）。鼷鼠是帶病毒的老鼠。

牛對農民很重要

人類從史前社會邁入文明社會，牛、馬起很大作用。牛對農業，馬對畜牧業，貢獻尤其大。

牛，身材高大，埋頭吃草。但牛遇強敵，凜然不可犯，有時又很兇猛，誰見了都怵。《說文解字．牛部》：「牛，大牲也。」「物，萬物也。牛為大物，天地之數起於牽牛，故從牛勿聲。」

二十八宿，北方七宿曰斗、牛、女、虛、危、室、壁。這七宿，配冬天，多與居家過日子有關。斗是用來舀水或稱糧食的器具，生活離不了。牛是牽牛，跟牛郎有關。女是婺女或須女，跟織女有關。二宿象徵男耕女織。虛讀墟，墟是廢墟，房倒屋塌叫廢墟。危讀垝（音 guǐ；粵音鬼），垝是毀垣，倒塌的牆。室是營室，在東壁西，象徵蓋房。壁是東壁，在營室東，代表壘牆。牆倒屋塌，得趕緊修房子。

十二生肖，牛當丑位，這個位置是牽牛所在，跟居家過日子有關。俗話說，「三十畝地一頭牛，老婆孩子熱炕頭」。牛對農民很重要。

犀牛不是牛

牛屬牛科（*Bovidae*）。牛科動物有三大特點：

第一，牛屬偶蹄目，蹄子分瓣，與馬不同，馬是奇蹄目，蹄子不分瓣。偶蹄目分胼足亞目（如駱駝和羊駝）、豬形亞目（如豬和西貒，貒音 tuàn；粵音喘）和反芻亞目（如牛、羊、鹿）。[7] 偶蹄目的動物多為食草動物。

第二，牛屬偶蹄目下的反芻亞目。反芻動物有四個胃，可以把吃進前三個胃裏的東西倒騰到嘴裏，反覆咀嚼。反芻亞目不光有牛科，還有鹿科。

第三，牛屬反芻亞目下的牛科。牛科動物，不光有牛，還有羊和羚羊。牠們都有角，但跟鹿科不同。鹿科動物每年換角，角是實心，牛科動物終生不換角，角是空心，所以牛科也叫洞角科。牛角可以做成角杯，西亞流行來通（rhyton），來通就是模仿牛角。[8]

犀牛屬奇蹄目犀科，與牛科不同。犀牛的蹄子跟馬類似，蹄子是圓的，不分瓣。

非洲犀分黑犀和白犀，體型高大，雙角；亞洲犀分印度犀、爪哇犀和蘇門答臘犀，中國本來都有。

亞洲犀，蘇門答臘犀是雙角犀，體型最小，一九一六年在中國滅絕；印度犀是獨角犀，體型最大，一九二〇年在中國滅絕；爪哇犀也是獨角犀，體型比印度犀小，比蘇門答臘犀大，一九二二年在中國滅絕。滅絕的原因，不完全在氣候，更重要的是人。人不光屠殺犀牛，用犀牛皮做鎧甲、做盾牌，而且奪其居地，迫使犀牛不斷南遷，直到退出中國。

中國工藝，明清流行犀角杯。網上說，這類文物，存世有五千件。我在香港看過一個私人藏

家的展覽，他一個人就收藏了那麼多。這得殺死多少犀牛呀。犀角入藥，也害死了不少犀牛。

犀牛在中國已成歷史記憶。

出土文物：

1、商代小臣俞犀尊【圖1】，梁山七器之一，清代山東壽張縣出土，失蓋，有銘文：「丁巳，王眚（省）夔且，王易（賜）小臣俞夔貝，隹（惟）王來正（征）人（夷）方，隹（惟）王十祀又五彤日。」美國舊金山亞洲藝術博物館藏。

2、戰國錯金銀犀牛帶鈎【圖2】，四川昭化寶輪院出土，青銅錯金銀，中國國家博物館藏。

3、西漢錯金銀犀牛尊【圖3】，陝西興平縣豆馬村出土，青銅錯金銀，中國國家博物館藏。

4、西漢銅犀牛【圖4】，江蘇盱眙大雲山江都王墓出土，青銅鎏金，南京博物院藏。

這四件器物都是表現雙角犀。亞洲雙角犀只有蘇門答臘犀。

商代甲骨文有兕字，兕是象形字，古音為邪母脂部，犀是形聲字，古音為心母脂部。有人認為，犀、兕本來是一字，但《左傳》宣公二年「牛則有皮，犀兕尚多，棄甲則那」，犀與兕，混言無別，但還不能認為完全一樣。

兕、犀二字見《爾雅·釋獸》，區別是「兕，似牛。犀，似豬」，前者大，後者小。郭璞註說，兕是「一角，青色，重千斤」，犀是「形似水牛，豬頭，大腹，痺腳。腳有三蹄，黑色。

圖 1
商代小臣俞犀尊
舊金山亞洲藝術博物館藏（許傑提供）

圖 2
戰國錯金銀犀牛帶鈎
中國國家博物館藏

圖 3
西漢錯金銀犀牛尊
中國國家博物館藏

圖 4
西漢江都王墓出土銅犀
南京博物院藏

三角，一在頂上，一在額上，一在鼻上。鼻上者，即食角也，小而不橢。好食棘。亦有一角者」。兕一角似牛者應指印度犀，犀兩角似豬者應指蘇門答臘犀，犀或一角者應指爪哇犀。郭璞註所謂三蹄三角誤。

兕字見《說文解字・𤉡部》，許慎的解釋是「𤉡，如野牛而青，象形，與禽、離頭同，凡𤉡之屬皆從𤉡。兕，古文從兒」。犀在《說文解字・牛部》：「犀，南徼外牛，一角在鼻，一角在頂，似豕，從牛，尾聲。」前者的古文即兕，兕指印度犀或爪哇犀，犀指蘇門答臘犀。放馬灘秦簡《日書》乙種講鐘律配獸，有𧰼牛。𧰼牛即兕牛。[9]

南方進貢犀象，多在所謂南徼外，即東南亞和南亞，而黃支之犀尤為著稱。[10] 黃支即《大唐西域記》的建志補羅，在今印度馬德拉斯西南的 Kancipura。

當年，史語所發掘西北岡 1004 號大墓，出土牛方鼎【圖5】和鹿鼎，這兩件鼎各有一個圖形文字，一個是牛形，一個是鹿形。雷煥章說，商代甲骨文的兕字，不像鼻上長角，更像頭上長角，牛鼎上用圖形表現的牛是兕字，兕即今水牛。[11]

此說恐難成立。

第一，文獻記載，犀、兕連言，兕與犀應當相近。水牛、黃牛，不管是野生種，還是家養種，都是牛科動物，與犀科動物有別。

圖 5-1
西北岡 1004 號大墓出土牛方鼎
台北「中研院」歷史語言研究所藏

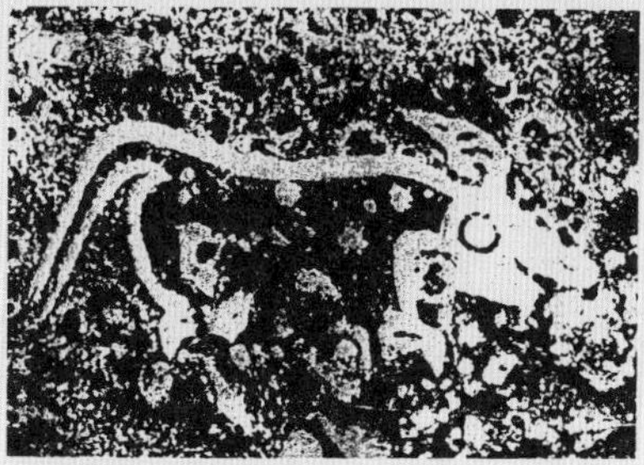

圖 5-2
牛方鼎銘文

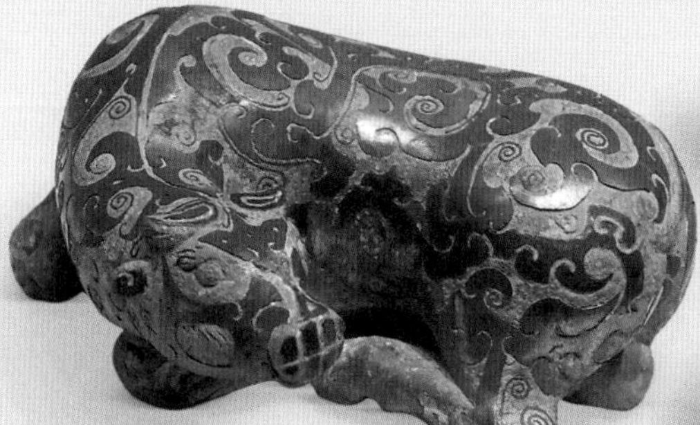

圖 6
戰國楚大府臥牛鎮
中國國家博物館藏

第二，文獻記載，犀是雙角，兕是獨角，魏晉時期，人們還能見到犀牛，《爾雅》、《說文解字》之說並非向壁虛造。雷煥章謂此說後起，更早未必如此，並無任何證據。

黃牛，英語叫 cattle，公牛叫 bull，母牛叫 cow，騸過的牛叫 ox。這些詞都是指歐洲人熟悉的牛。水牛叫 buffalo，對他們來說，完全是另一種動物，不屬於他們說的牛，但中國傳統，水牛也是牛，不是兕。水牛與黃牛不同，不等於說，水牛必須是兕。

中國牛

中國牛分黃牛、水牛、犛牛、瘤牛。

（一）黃牛（*Bos primigenius taurus*）

主要在中國北方，南方也有。這種牛號稱黃牛，但不一定都是黃的，也有其他顏色，如黑色、紅色、白色、雜色。黃牛也叫歐洲牛，一般認為是西來。但今黃牛，據學者研究，是雜交牛，牠有三個血統來源，一是東亞普通牛，二是歐亞普通牛，三是中國南方的瘤牛。故宮博物院藏韓滉《五牛圖》，五牛都是黃牛。黃牛的祖先是原牛（*Bos primigenius*），八千年前就已馴化，體型遠比今黃牛更為高大，如西班牙阿爾塔米拉岩洞和法國拉斯高岩洞中歐洲先民畫的牛就是這種牛。原牛曾廣泛分佈於歐亞大陸和北非，一六二七年，最後一隻在波蘭絕種。

中國黃牛有五大優良品種：秦川牛、南陽牛、魯西牛、延邊牛和晉南牛。五大優良品種主要在黃河流域。

出土文物：

1、錯銀戰國臥牛鎮【圖6】，安徽壽縣丘家花園出土，器底有楚國銘文：大**𢊍**（府）之器。從牛角看，可能是黃牛。中國國家博物館藏。

2、漢鎏金銅立牛【圖7】，河南偃師寇店出土，河南博物院藏。

3、唐三彩臥牛【圖8】，甘肅秦安葉家堡出土，甘肅省博物館藏。同出還有立牛，也是黃牛。

（二）水牛（*Bubalus*）

水牛主要在南方，淮河流域是其北界，我在河南桐柏見過。亞洲水牛分野生水牛和家養水牛，野生水牛已經很少。我國南方的水牛其實很溫順。有一回，我跟兩位美國女學者在荊州參觀，她們看見水牛，居然嚇了一大跳，還以為是野牛。商代祭祀，多用聖水牛（*Bubalus mephistopheleles hopwood*），聖水牛是野水牛。

出土文物：

1、商代牛尊【圖9】，湖南衡陽市郊包家台子出土，衡陽博物館藏，蓋上有小虎。

2、商代牛尊【圖10】，安陽殷墟花園莊東地54號墓出土，中國社會科學院考古研究所藏，腹壁有虎紋。

3、西周牛尊【圖11】，陝西岐山縣賀家村出土，陝西歷史博物館藏，蓋上有小虎。牛是老虎的捕食對象。這三件牛尊，有兩件蓋上皆有小虎。殷墟所出，腹壁還有虎紋。

（三）犛牛（*Bos mutus* 或 *Bos grunniens*）

古書有犛、氂二字。《說文解字．犛部》：「犛，西南夷長髦牛也。」「氂，犛牛尾也。」這兩個字皆有二音，或讀lí，或讀máo，實際用法經常混淆。[12] 犛牛分野犛牛和家犛牛。犛牛主要在青藏高原，新疆也有。新疆犛牛主要分佈在天山以南的阿爾金山、崑崙山、帕米爾高原，中心產區在和靜縣巴音布魯克區。蒙古國、俄羅斯的圖瓦共和國和伊爾庫茨克一帶也有犛牛，我在西伯利亞見過。犛牛只見於高寒地區。近年呂梁山區引進過甘肅白犛牛和美洲羊駝。

圖 7
漢鎏金銅立牛
河南博物院藏

圖 8
唐三彩臥牛
甘肅省博物館藏

圖 9
商代牛尊
衡陽博物館藏

圖 10
商代牛尊
中國社會科學院考古研究所藏

圖 11
西周牛尊
陝西歷史博物館藏

出土文物：

1、犛牛青銅帶頭，內蒙古鄂爾多斯市出土，鄂爾多斯博物館藏。這類帶扣，通常分兩種：一種是單牛，只有牛頭【圖12-1、2】，牛頭下有樹葉狀鏤孔；一種為雙牛，表現全身，牛身下有一串樹葉狀紋飾【圖12-3】，通常只籠統稱為牛。其實，這種牛，既不是黃牛，也不是水牛，而是犛牛。所謂樹葉狀鏤孔或紋飾，正是表現犛牛下垂的長毛。二〇一五年八月十八日，我在俄羅斯圖瓦共和國的一個考古工地（位於葉尼塞河的岸邊）見到一枚青銅帶頭【圖12-4】，與鄂爾多斯所出一模一樣。

圖 12-3
鄂爾多斯式犛牛青銅帶頭

圖 12-1
鄂爾多斯式犛牛青銅帶頭

圖 12-4
圖瓦犛牛青銅帶頭

圖 12-2
鄂爾多斯式犛
牛青銅帶頭

2、犛牛金帶頭【圖13】，新疆吐魯番交河溝西一號墓地一號墓出土。

3、犛牛青銅帶頭【圖14】，內蒙古鄂爾多斯市出土，鄂爾多斯博物館藏。

4、犛牛青銅帶頭【圖15】，寧夏西吉縣蘇堡鄉出土，固原博物館藏。

5、虎噬犛牛青銅帶鈎【圖16】，一九九一年甘肅華池縣公安局移交華池縣博物館藏。所謂虎，形似狼。

6、犛牛金飾件【圖17】，新疆烏蘇市四棵樹墓地出土，東西雖然很小，只有1厘米×1厘米×2厘米大，但栩栩如生。

7、元代青銅犛牛【圖18】，甘肅省博物館藏，據說出自甘肅天祝縣。天祝縣盛產白犛牛。

（四）瘤牛（*Bos indicus*）

脖子上起肉瘤，類似駝峰，古代叫犦（音bó；粵音暴）牛或犎（音fēng；粵音封）牛。《爾雅．釋畜》有犦牛，郭璞註：「即犎牛也。領上肉犦胅（音dié；粵音秩）起，高二尺許，狀如橐駝，肉鞍一邊，健行者日三百餘里。今交州合浦徐聞縣出此牛。」滇國銅器上的牛都是表現瘤牛。如雲南晉甯石寨山出土滇國貯貝器上的牛就是這種牛【圖19】。我國瘤牛滅絕已久，現在的瘤牛是從國外引進。

圖 13
犛牛金帶頭
新疆文物考古研究所藏

圖 14
鄂爾多斯式犛牛青銅帶頭
鄂爾多斯博物館藏

圖 15
鄂爾多斯式犛牛青銅帶頭
固原博物館藏

圖 16
虎噬犛牛青銅帶鈎
華池縣博物館藏

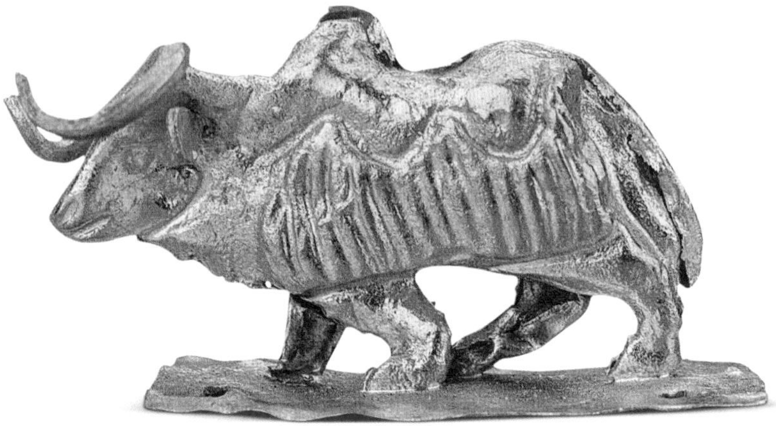

圖 17
漢犛牛金飾件
新疆文物考古研究所藏

圖 18
元代青銅犛牛
甘肅省博物館藏

我國的牛，主要是作耕牛

歐亞大陸，兩頭都有牛，也都有豬。歐洲人愛吃牛，喜歡吃豬肉的國家有，如德國、西班牙、意大利，但總體而言，豬肉比不了牛肉。我國正好相反。

牛在歐洲主要是作肉牛、奶牛，而不是耕牛。這是以畜牧業為背景。歐洲的畜牧業背景比我們深。我國不同，自古重農，牛是用來耕地和拉車，主要是役畜。

我國歷代都禁止私自宰殺耕牛。耕牛是重要的生產資料。據睡虎地秦簡《廄苑律》，秦代對牛、馬非常重視。當時，大牲口多為公產，即官方所有，牛、馬要定期考核，死了要及時上報，肉、筋、角要交公。別說隨便殺牛，就是瘦了、病了、死了都有人管。

季羨林回憶他母親，小時候的山東，牛只有老得不行才能殺了吃，這樣的牛肉，只有用尿液煮才嚼得動。但就是這樣的牛肉，他媽都捨不得吃，全都留給孩子吃。季羨林說，他媽一輩子都沒吃過肉（《永久的悔》）。

二十世紀五十年代的中國，殺耕牛仍然不允許。

牛是用來耕地、拉車，不是為了滿足口腹之慾。

圖 19
滇國貯貝器上的瘤牛
中國國家博物館藏

牛字今義：了不起

俗語有「吹牛拍馬」一詞。越是俗語，越難考鏡源流。顧頡剛嘗作《吹牛、拍馬》考之，[13] 以為「吹牛」是吹牛皮筏子，黃河岸邊的河工煩對方吹牛，就說「去你的，到河邊去吧」，意思是你就在河邊吹吧。「拍馬」則是草原上的朋友見面，互拍對方的馬屁股，連呼「好馬好馬」，向對方致意。其說有趣，不知是否為正確答案。

現在，大家喜歡說，牛，真牛，意思是了不起，太偉大了。北京人罵人，說你丫真不是東西。英語倒好，you are really something（直譯：你真是個東西）！那意思反而是說，你丫真牛。但自己說自己真牛，就是吹牛了。

吹牛拍馬是一種文化，太值得研究。吹牛拍馬跟專制獨裁有關，可參看希羅多德《歷史》III. 80。

《讀書》二〇一九年六期有一幅插畫，旁題：

你要人們稱讚嗎？那麼不要稱讚自己。——帕斯卡不過，心理學家説，吹牛也有好處，等於自個兒給自個兒打氣，就像牛皮筏子，不把氣吹足，急流險灘還真過不去。

註釋

1 《天水放馬灘秦簡》，84頁：簡31；《睡虎地秦墓竹簡》，219頁：簡70背；《隨州孔家坡漢墓簡牘》，175頁：簡368。

2 《五行大義·論五行大義》：「丑為牛、蟹、鱉者，丑為艮，立春之節，農事既興，牛之力也。又上當牛宿。《説題辭》曰：牛為陰事，牽耦耜耕也，故在丑。蟹者，立春之時，桑木生根，如其足也。艮為山，巨靈贔屭，首頂靈山，負蓬萊山，即巨蟹也。鱉者，土之精氣而生，中軟外堅，象土含陰陽也。其藏黃者，土之色也。牛亦有黃，蟹中亦黃，皆土精也。丑在北方水位，故兼主水土。」

3 《天水放馬灘秦簡》，97頁：簡209。

4 《爾雅·釋畜》講六畜，先分別講馬、牛、羊、狗、雞五屬，不及豬；再講馬、牛、羊、彘、狗、雞之大者。

5 內地多呼得兒／駕／喔／吁，但我在內蒙古趕過牲口，當地有另一套吆喝。

6 秦穆公有「食駿馬之肉，而不還飲酒者，傷人」説，見《淮南子·氾論》《史記·秦本紀》《説苑·復恩》等書。古人一般不吃馬肉，甚至有食馬肝殺人的説法。

7 羊駝、西貒是美洲動物，西貒類似野豬。

8 南越王墓出土過中國仿製的玉來通，何家村唐代窖藏出土過中國仿製瑪瑙來通。

9 《天水放馬灘秦簡》，97頁：簡210，照片不清楚。

10 見《漢書》的《平帝紀》《地理志下》《王莽傳上》《王莽傳下》，《後漢書》的《班彪列傳》《文苑列傳》《南蠻西南夷列傳》。

11 〔法〕雷煥章（Jean A. Lefeuvre）《商代晚期黃河以北地區的犀牛與水牛——從甲骨文中的[illegible]和兕字談起》，葛人譯，《南方文物》二〇〇七年四期，150-160頁。

12 放馬灘秦簡《日書》乙種講鐘律配獸，有氂牛，見《天水放馬灘秦簡》，97頁：簡211。

13 顧頡剛《史林雜識初編》，北京：中華書局，一九六三年，131-134頁。

虎

虎年說虎

中國的食肉動物，虎為大。虎是頂級捕食者，高居食物鏈的頂端。

近東藝術和歐洲藝術，鷹、獅、牛最重要。我國藝術，龍、鳳、虎最重要。虎在中國藝術中，地位僅次於龍、鳳。

虎在十二生肖中的位置

十二生肖，以虎配寅，與兔相鄰。[1] 虎的辰位相當夏曆正月，也是一年的開端。放馬灘秦簡《日書》甲種、睡虎地秦簡《日書》甲種、孔家坡漢簡《日書》同。[2]

三十六禽，以虎、豹、狸並列。狸是狸貓，也叫豹貓，身上有豹斑。豹貓屬於野貓。野貓、家貓都抓耗子。三者皆貓科動物。放馬灘秦簡《日書》乙種講鐘律配獸，其中有虎，[3] 未見豹、狸。

食肉動物虎為大

十二生肖，有吃素的，有吃肉的，也有雜食者。虎是食肉動物，馬、牛、羊和兔子是食草動物。

中國的食草動物，象為大。象在十二生肖之外。商代，黃河流域仍有象，但後來只剩南方還有，再後來，只剩雲南還有。漢代，大象和駱駝，對中原人來說，已經成了異域風情。十二生肖沒有象，很正常。

中國的食肉動物，虎為大。虎是頂級捕食者，高居食物鏈的頂端。近東藝術和歐洲藝術，鷹、獅、牛最重要。[4] 我國藝術，龍、鳳、虎最重要。[5] 虎在中國藝術中，地位僅次於龍、鳳。

虎是貓科動物

貓科動物（*Felidae*）分三個亞科：豹亞科（*Pantherinae*）、獵豹亞科（*Acinonychinae*）和貓亞科（*Felinae*）。

豹亞科包括獅、虎、豹和美洲豹（*Panthera onca*，英語叫 Jaguar）。老虎和獅子關係比較近，豹和美洲豹關係比較近。青藏高原的雪豹也屬豹亞科。

獵豹亞科包括非洲獵豹和亞洲獵豹，亞洲獵豹也叫印度獵豹，一般認為已經滅絕，據說野外又有發現。我們在影視中看到的獵豹都是非洲獵豹。這種動物，腳爪不能伸縮，類似犬科動物。犬科比貓科容易馴化。有人拿獵豹當狗養。

貓亞科包括野貓、猞猁、美洲獅（*Puma concolor*，英語叫 Puma），一般比較小，但美洲獅比較大。家貓是從野貓馴化。野貓（*Felis sivestris*）分三種，一種是沙漠野貓，分佈於中亞、西亞，一種是歐洲野貓，一種是非洲野貓。據說歐洲家貓是從非洲野貓馴化，來源是埃及、利比亞。亞洲家貓是從沙漠野貓馴化。

這三類動物，虎、豹、獅是大貓，資格最老；獵豹是中型，輩份淺一點；貓最小，輩份最淺。生物進化，其實都是進化與退化相隨，先進與落後互換。古人云，譬如積薪，後來居上。貓是沾了人的光，後來居上。野生動物，只好當落後分子，等着瀕危。

《禮記·郊特牲》：「迎貓，為其食田鼠也。」人對貓抓耗子，用的是一個「迎」字。他們熱烈歡迎的貓是甚麼貓？有人說傳自印度，有人說傳自中亞，都是以沙漠野貓為源頭。

郭郛說，「周代初年所迎的貓當是從甘肅、寧夏、陝西等地引入家中或庭院」，似乎亦主西來說，但他又說，「戰國時期，各地群眾又將本地所產的狸（*Felis bengalensis*）家化」，似乎也不排斥本土馴化說。[6]

中國沒有獵豹。

中國的虎

虎是典型的亞洲動物。

老虎的原產地是亞洲大陸，牠分九個亞種：

1、西伯利亞虎（Siberian tiger, *Panthera tigris ssp.altaica*），中國叫東北虎，也叫烏蘇里虎、阿穆爾虎、滿洲虎、朝鮮虎，主要分佈在中國東北、俄羅斯遠東地區和朝鮮半島。體型最大，瀕危。

2、裏海虎（Caspian tiger, *Panthera tigris virgata*），中國叫伊犁虎或新疆虎，也叫波斯虎、高加索虎、圖蘭虎，主要分佈在中國新疆、中亞五國、阿富汗北部和伊朗北部，並沿呼羅珊大道，經裏海南岸，向西播散，最遠可達南高加索和土耳其東部。體型第三大，一九八一年滅絕。據研究，這種虎的基因與西伯利亞虎最近。

3、華南虎（South China tiger, *Panthera tigris Amoyensis*），也叫廈門虎。這種老虎是中國獨有的虎種，曾廣泛分佈於華東、華中、華南、西南，以及陝西、隴東、豫西和晉南的個別地區，不斷向江西、福建一帶退縮。體型較小，現在在野外已經見不到，只剩動物園還有。

4、孟加拉虎（Bengal tiger, *Panthera tigris tigris*），分佈在中國西藏的墨脫、孟加拉和印度東部，現存數量最多。體型第二大，瀕危。

5、印度支那虎（Indochinese tiger, *Panthera tigris ssp. corbetti*），分佈在中國西南和中南半

島（即印度支那），體型較小，瀕危。

6、馬來亞虎（Malayan tiger, *Panthera tigris jacksoni*），二〇〇四年才從印度支那虎中分出的新亞種，主要分佈在馬來西亞和泰國。體型較小，極危。

7、蘇門答臘虎（Sumatran tiger, *Panthera tigris ssp. sumatrae*），主要分佈在印度尼西亞的蘇門答臘島。體型較小，極危。

8、爪哇虎（Javan tiger, *Panthera tigris sondaica*），分佈在印度尼西亞的爪哇島。體型較小，一九八八年滅絕。

9、巴厘虎（Bali tiger, *Panthera tigris balica*），曾生活在印度尼西亞的巴厘島。體型最小，一九三七年滅絕。

這九個亞種，中國佔了五個。中國東北有東北虎，中原和東南有華南虎，正南有印度支那虎，西北有伊犁虎，西南有孟加拉虎。老虎是典型的亞洲動物，中國是老虎分佈區的中心。

華南虎

小時候，我二叔在福建做事，他是南下幹部，每次來北京，總是帶着龍眼、荔枝，各種南方

的水果。有一回，他帶來一張虎皮，很漂亮。福建的老虎，當然是華南虎了。

二叔說，他買了一隻整虎，很便宜，虎肉、虎骨，他留下了，福建太熱，虎皮沒用，帶來送哥嫂。我媽特能幹，居然會熟皮子（鞣皮）。她把熟好的皮子，剪掉四肢、尾巴，只留腦袋、身子，縫了兩個圓片，補在兩眼留下的窟窿上，做成一床褥子。這床褥子，他倆一直鋪，等我結婚，送我當禮物。

我在《放虎歸山》序中曾談到華南虎。我說：

> 記得小時候，人們總是說華南虎多而東北虎少，所以我老是愛到動物園去看東北虎，對於華南虎不甚珍惜。但現在噩耗傳來，情況卻是：東北虎雖瀕於滅絕，但尚未死光；相反，真正絕種（在野外絕種）的倒是華南虎。中國人多，而華南尤多，如水潦塵埃歸焉，此虎之所以亡也。即此一端已足證明，「人無傷虎意，虎有害人心」，乃是人類的顛倒黑白。

華南虎是怎麼滅絕的，各地有各地的故事。

嘉靖十一年（一五三二），有隻老虎竄到山西運城的鹽神廟，被當地官員命人打殺，有碑記其事，曰《鹽池虎異記》，立於海光樓前，我見過。

我在香港訪學，聽説香港也鬧過老虎。「最後的老虎」有二。一隻是「上水之虎」，一九一五年在上水咬死兩名警察，被擊斃於粉嶺一帶；一隻是「赤柱之虎」，偷吃英軍戰俘營的豬，一九四二年被日軍射殺，虎皮還在赤柱的天后宮。

香港的老虎，據説是從廣東游水而來，就是逃到這麼遠，也難逃一死。

獅、虎不相見

北京動物園有個獅虎山，小時候常去。侯寶林有個電影相聲劇，叫《遊園驚夢》，就是在那兒拍的。獅虎山把老虎、獅子關在一個地方，這是動物園，現實不可能。

其實，老虎獨行，喜歡山林，獅子群居，喜歡草原，屬於不同的生態區。有獅子的地方一般沒有老虎，有老虎的地方一般沒有獅子，根本見不着面。

獅子的原產地是非洲。獅子從非洲北部沿地中海東岸北上，一度擴散到兩河流域和土耳其西部，並從兩河流域南部東傳，擴散到伊朗南部和印度西部。

老虎的原產地是亞洲。裏海虎是老虎從中國西北向亞洲西部擴散的唯一虎種。

印度，老虎在東邊，獅子在西邊。伊朗，老虎在北邊，獅子在南邊。這是獅子、老虎離得最近的地方。

歐亞大陸西段有獅無虎，東段有虎無獅。

中國沒有獅子，但漢以來不斷從伊朗、阿富汗、中亞一帶進口獅子。中國人是通過老虎來認識獅子。

中國流行獅子舞，喜歡用石獅守門，這都是從西方傳入。插上翅膀的獅子，中國人叫天祿、辟邪。

古書中的虎與獅

1、虦（音zhàn；粵音撰）貓。虎的毛色，有些比較淺，近於灰白。如《爾雅．釋獸》：「虎竊毛謂之虦貓」，郭璞註：「竊，淺也。《詩》曰：『有貓有虎。』」《說文解字．虎部》：「虎竊毛謂之虦苗（貓），從虎戔聲。竊，淺也。」與《爾雅》同。甚麼叫「竊毛」？竊、淺二字古音相近，古人用為通假字。如古人把淺藍叫竊藍，淺黃叫竊黃，淺紅叫竊丹。「竊毛」即淺色的毛。虦貓是淺色的虎。

2、白虎。古人以二十八宿的參宿為白虎，代表西方（《史記．天官書》）。漢宣帝元康四年（前六二年），於南郡獲白虎，獻其皮、牙、爪，立白虎祠（《漢書．宣帝紀》和《郊祀志下》）。《爾雅．釋獸》：「虦（音 hàn；粵音韓），白虎。」《說文解字．虎部》：「從日不從甘，讀若鼏。」

3、黑虎。《爾雅．釋獸》「虪（音 shù；粵音宿），黑虎」。虎中有白虎，但無黑虎。虪可能是黑豹。

4、獅子。中國不產獅子，但早在戰國時期，中國人就已知道獅子。如《穆天子傳》卷一：「柏夭曰：『征鳥使翼，曰……烏鳶、鶤雞飛八百里。名獸使足，〔曰……〕狻猊〔日走五百里〕，野馬走五百里，邛邛距虛走百里，麋〔走〕二十里。』」郭璞註：「狻猊，師子，亦食虎豹。」《爾雅．釋獸》：「狻麑如虦貓，食虎豹。」郭璞註：「即師子也，出西域。漢順帝時疏勒王來獻犎牛及師子。《穆天子傳》曰：『狻猊日走五百里。』」狻麑即狻猊，兩者都是翻譯西域語言中的獅子。上博楚簡《三德》：「豨貎飤（食）虎，天無不從。」豨貎是狻猊的另一種叫法，估計是希臘語和羅馬語的對應譯名。

古人描述，獅子像淺色毛的老虎。中國從西域進口的獅子分兩種，黃獅子和白獅子。黃獅子即普通獅子，毛色為淺棕色，白獅子少見，黃獅子不如白獅子金貴（《南史．劉顯傳》）。

肉食者鄙，未能遠謀

葛洪說，「食草者善走而愚，食肉者多力而悍」（《抱朴子．雜應》）。這話不光適合於人以外的動物，也適合於人。我看歐洲大力士比賽，又是搬巨石、翻輪胎，又是拉卡車、拉飛機，常常想起這話。

李希霍芬說，中國男人，長相有點女性化。這是對比於歐洲人。[7] 有個泌尿科的老專家在電視上講，前列腺癌，我國本來很少，這些年，發病率噌噌往上升，與飲食結構改變有很大關係。生活好了，肉、蛋、奶吃多了，鬍子越長越長，頭髮越長越短，謝頂的人多了，這是徵兆。我忽然明白了，唐三彩中的胡商和中國小說中的胡僧為甚麼長成那樣。

動物，從產食經濟講，吃草比吃肉划算。馬、牛、羊吃草，草很多，滿地都是，不愁沒吃喝，種群數量自然龐大，就算老弱病殘喪命虎狼之口，剩下的依舊很多。獅子，草原開闊，食草動物成群結隊，牠們是團夥捕獵，一塊幹，夥着吃，也還湊合。老虎獨霸山林，吃獨食，形單影隻，獨往獨來，那是不得已。牠們吃了上頓沒下頓，自己都不夠吃，只好把老婆孩子撇一邊。要是低端動物跑沒影了，牠們就得餓死。

我曾這樣形容老虎：

惡虎之惡在於餓，牠們也有牠們害怕的東西。牠們比牠們的獵食對象更難耐腸中寂寞，牠們也比牠們的獵食對象更沒有食物保障。追擊搏鬥會耗盡其能量，空無斬獲又意味着死亡。

牠們常常孤獨而恐懼，
小心翼翼地潛伏，躡手躡腳地跟蹤，
忍耐，等待……
一切為了肚子。[8]

農業民族吃糧，屬於植物群落的一部份；騎馬民族吃肉，屬於動物群落的一部份。兩者的關係有點像。

古代，即使農業社會，上層和下層也有類似劃分。獸有猛獸，人有猛人。商周時期，只有貴族才有肉吃。然而曹劌說了，「肉食者鄙，未能遠謀」（《左傳》莊公十年）。

出土文物中的虎

出土文物中的虎，材料很豐富，這裏舉幾個典型例子。

1、商代虎紋石磬【圖1】，河南安陽武官村大墓出土，中國國家博物館藏。

2、商代伏鳥雙尾銅臥虎【圖2】，江西新干縣大洋洲出土，江西省博物館藏。同出器物多以虎為飾。

3、西周虎尊【圖3】，傳出陝西寶雞鬥雞台，弗利爾美術館藏。

4、西周虎形銅飾件【圖4】，陝西扶風黃堆鄉一號墓（M1:19）出土，陝西寶雞周原博物館藏。這類銅飾件多有發現（如絳縣橫水墓地所出）。最近甯縣石家墓地也出土過春秋時期的類似飾件，據說是箭箙上的裝飾。

5、春秋多戈戟【圖5】，河南葉縣舊縣鄉四號墓（許公寧墓）出土，飾龍、虎、鳥、蛇四獸，葉縣縣衙博物館藏。

6、春秋虎形金飾件【圖6】，湖北棗陽曹門灣曾國墓地一號墓出土，湖北省文物考古研究所藏。

7、春秋虎形金飾件【圖7-1】，甘肅甯縣石家墓地出土。承發掘者告，此器為箭箙上的飾件。慶陽博物館有類似飾件，出土於甯縣湘樂鎮宇村。

8、春秋虎紋玉佩【圖8】，河南光山縣寶相寺黃君孟墓出土，河南博物院藏。

9、春秋虎紋玉佩【圖9】，河南淅川縣下寺出土，河南博物院藏。

圖 2
商代伏鳥雙尾銅臥虎
江西省博物館

圖 1
商代虎紋石磬
中國國家博物館藏

圖 3
西周虎尊
弗利爾美術館藏

圖 4
西周虎形銅飾件
陝西寶雞周原博物館藏

圖 5
春秋多戈戟
葉縣縣衙博物館藏

圖 6
春秋虎形金飾件
湖北省文物考古研究所藏

圖 7-1
春秋虎形金飾件，
石家墓地出土

圖 7-2
春秋虎形銅飾件
慶陽博物館藏

圖 8
春秋虎紋玉佩
河南博物院藏

圖 9
春秋虎紋玉佩
河南博物院藏

圖 10
戰國虎紋玉佩
湖北省博物館藏

圖 11
戰國虎食鹿器座
河北博物院藏

10、戰國虎紋玉佩【圖10】，湖北隨縣（今隨州）曾侯乙墓出土，湖北省博物館藏。

11、戰國虎食鹿器座【圖11】，河北平山中山王墓出土，河北博物院藏。

12、戰國虎形金飾件【圖12】，陝西寶雞市魏家崖出土，西安博物院藏。

13、戰國秦虎豕搏鬥紋帶頭【圖13】，內蒙古準格爾旗西溝畔2號墓出土，內蒙古博物院藏。

14、霍去病墓石虎【圖14】，霍去病墓在陝西興平。

15、西漢錯金虎節【圖15】，廣州象崗南越王墓出土，西漢南越王博物館藏。

16、戰國虎噬羊帶頭【圖16】，寧夏西吉新營鄉出土，固原博物館藏。

17、戰國虎形銀飾件【圖17】，陝西神木大保當鄉納林高兔村出土，陝西歷史博物館藏。

18、戰國虎噬驢帶頭【圖18】，寧夏固原楊郎墓地出土，固原博物館藏。

19、比較：虎紋木棺【圖19】，俄羅斯阿爾泰共和國巴沙達爾（Bashadar）2號石塚出土，年代在公元前六世紀，艾爾米塔什博物館藏。

20、比較：伊朗—阿富汗系錯銀銅斧【圖20】，年代在公元前二〇〇〇年，不列顛博物館藏。斧身浮雕：老虎撲山羊，野豬撲老虎，老虎扭頭看野豬。

21、比較：薩珊虎紋卵形銀碗【圖21】，大都會博物館藏。帕提亞和薩珊時期的金銀器上多有這種虎紋。

圖 12
戰國虎形金飾件
西安博物院藏

圖 13
戰國秦虎豕搏鬥紋帶頭
內蒙古博物院藏

圖 14
霍去病墓石虎

圖 15
西漢錯金虎節
西漢南越王博物館藏

圖 16
戰國虎噬羊帶頭
固原博物館藏

圖 17
戰國虎形銀飾件
陝西歷史博物館藏

圖 18
戰國虎噬驢帶頭
固原博物館藏

圖 19
阿爾泰虎紋木棺
艾爾米塔什博物館藏

圖 20
伊朗－阿富汗系錯銀銅斧
不列顛博物館藏

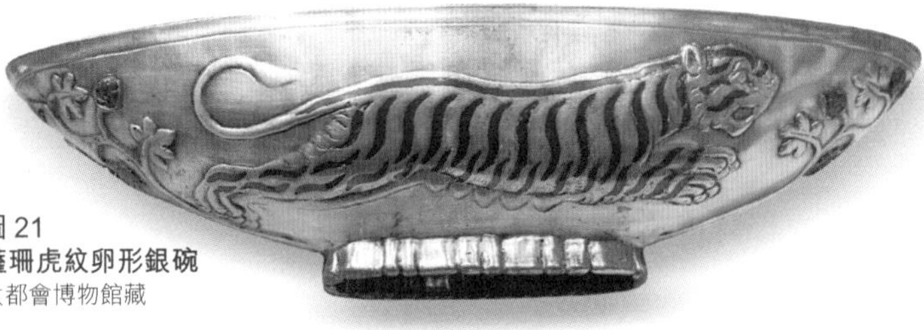

圖 21
薩珊虎紋卵形銀碗
大都會博物館藏

虎紋的演變

上述虎紋，可分三型，A型狀如葉尖反扭的柳葉，略呈S形；B型由雙葉組合，一葉呈C形，一葉呈S形，合在一起，好像中間起尖的S形或F形；C型狀如飛鳥或數字3。

A型紋流行於春秋戰國和秦漢時期，如上文所舉春秋多戈戟、虎形飾件，戰國虎紋玉佩、虎食鹿器座、虎豕搏鬥紋帶扣都是這種紋飾。這種虎紋流行於整個漢代，例子不勝枚舉。內蒙古博物院藏烏蘭察布市四子王旗出土的鮮卑狩獵紋木棺上的老虎也用這種紋飾。

B型紋流行於兩周時期，如上述西周虎尊、西周虎形飾件、春秋虎紋玉佩、戰國虎形金飾件都屬於這種紋飾。但秦漢時期，B型紋不再流行，只有A型紋繼續流行。

C型紋流行於商代、西周，不一定是專門用於虎，但春秋時期確有這種虎紋，如甯縣石家和宇村所出虎形飾件就是採用這種紋飾。

過去我曾認為，B型紋早於A型紋，A型紋是B型紋的拆分，現在看來不一定對。第一，商代虎紋石磬的虎紋似可視為鈎連單葉紋。第二，A型紋與B型紋有共存關係。

有趣的是，容庚《金文編》（北京：中華書局，一九八五年）1076-1077頁：194有圖形化的六個虎字，都是屬於西周銅器，前四例子是A型紋與B型紋共存於同一虎身，後兩個例子是C

型紋，正好是這三種紋飾。

北方系青銅器，虎紋有多種，既有上述A型紋，如西吉新營鄉所出，也有平行折角紋和平行波浪紋等。如納林高兔出土的虎形銀飾件就是採用平行波浪紋。而楊郎墓地所出更為特殊。這種虎紋也見於巴澤雷克木棺，可資比較。

另外，有趣的是，上述A型虎紋也見於不列顛博物館藏伊朗系器物伊朗—阿富汗系錯銀銅斧，年代斷在公元前二〇〇〇年，帕提亞時期和薩珊時期也有這類虎紋。

註釋

1 楚令尹子文名鬥穀於菟，據說是老虎奶大。《左傳》宣公四年：「楚人謂乳穀，謂虎於菟。」楚人管老虎叫於菟（音wū tú）。

2 《天水放馬灘秦簡》，84頁：簡32；《睡虎地秦墓竹簡》，219頁：簡71背；《隨州孔家坡漢墓簡牘》，175頁：簡369。

3 《天水放馬灘秦簡》，97頁：簡212。

4 西方瑞獸，斯芬克斯（Sphinx）是人面獅身，拉馬蘇（Lamassu）是人面牛身，格里芬（Griffin）是鷹首獅身加鷹翼，波斯石刻流行獅子撲食公牛像。歐美國徽多以鷹、獅為飾。參看李零《「國際動物」：中國藝術中的獅虎形象》，收入氏著《萬變》，北京：生活·讀書·新知三聯書店，二〇一六年，329-401頁。

5 李零《說龍，兼及饕餮紋》，《中國國家博物館館刊》，二〇一七年三期，53-75頁。

6 郭郛等《中國古代動物學史》，北京：科學出版社，一九九九年，412-415頁。

7 〔德〕費迪南德·馮·李希霍芬《李希霍芬中國旅行日記》，李岩、王彥會譯，北京：商務印書館，二〇一六年，533-534頁。

8 李零《大營子娃娃小營子狗》，收入氏著《花間一壺酒》，太原：山西人民出版社，306-315頁。

兔年說兔

明清時期，北京民俗，中秋祭月，要祭兔爺。月屬陰，男人不祭女人祭，後來成為小孩的玩具。

兔爺，據說與《封神演義》中的長耳定光仙有關。形象受戲劇影響，金盔金甲，背插小旗，騎在老虎背上。

兔在十二生肖中的位置

十二生肖，以兔配卯，放馬灘秦簡《日書》甲種、睡虎地秦簡《日書》甲種、孔家坡漢簡《日書》同。[1]

三十六禽，兔與猬（刺猬）、貉（狗獾）相配，三者皆活動於草叢。放馬灘秦簡《日書》乙種講鐘律配獸，其中有兔，[2] 未見猬、貉。

我養過兔子

三年困難時期，我爸在樓下開了片地，種菜種莊稼，家裏擺滿了瓶瓶罐罐，全是用來養小球藻。我養過兔子，玄狐兔，養在我家陽台上。

兔子非常好養。牠們喜歡吃菜，還有紅薯秧子，拉出的小糞球，一股草腥味。我拿蜻蜓餵牠，牠也吃。

兔大當婚。我把門廳通往各屋的門關上，看兩隻兔子你追我跑，好像戀愛片中的男追女跑。「雄兔腳撲朔，雌兔眼迷離；雙兔傍地走，安能辨我是雄雌。」我對《木蘭詩》突然有了一種新

的體會。

很快，牠們就生下了一窩兔崽子。

我吃過兔子肉，一股草腥味，不怎麼好吃。殺兔，據說要抓住後腿，倒提兔子，讓牠大頭朝下，露出耳根，猛擊腦後。然而，我用燒火的通條連擊數下，牠卻蹬踹不已。自己殺兔太恐怖，兔子的味道好不了，難怪梁惠王說「吾不忍其觳觫」，孟子說「君子遠庖廚」（《孟子．梁惠王上》）。

我還賣過兔子皮，收購點在今中關村科貿大廈附近。那塊兒的房子早就拆了，先頭有個飯館，後來蓋了高樓大廈。一張兔子皮，只有幾毛錢，在我看來，卻是不小的財富。

那時的我們，心思全在肚子，不知何物叫「寵物」。

兔子與老鼠有點像

兔子與老鼠，長得有點像，牠們都有三瓣嘴（唇裂），都有大板牙，生命力和繁殖力都很驚人，過去曾被歸為一類。

其實，兔子屬兔形目（*Lagomorpha*），老鼠屬嚙齒目（*Rodentia*），仍有區別。

老鼠的上下頜各有一對門牙，兔子除這兩對門牙，上門牙後還有一對小牙。老鼠耳朵短，尾巴長。兔子耳朵長，尾巴短。兔子走路，蹦蹦跳跳。老鼠走路，刺溜刺溜。

小時候，過年放煙火，有老頭呲花，有老鼠屎。後者，一點火，滿地亂竄，就是模仿老鼠。

兔形目分兩個亞科，兔科和鼠兔科。兔科包括家兔和野兔。野兔生活在野外，家兔是人工餵養。鼠兔，既像鼠，又像兔，生活在西北高寒之地，從照片看，好像挺可愛。

古人對鼠、兔的分類

《爾雅．釋獸》的獸是哺乳動物的總名，有別於蟲、魚、鳥。獸不包括家畜，六畜是另一類。獸分四屬，寓、鼠、齸（音yì；粵音日）、須，其實主要是兩大類，寓屬和鼠屬。齸指動物的咀嚼方式，如牛、羊、鹿長四個胃，可以反芻。鳥有嗉子，猴有頰囊，也有類似功能。須指人和動物的休息方式，如抻胳膊踹腿、呼哧喘氣、伸懶腰、打哈欠之類，並非為獸分類。

寓屬的寓字，本義是居住或居住之所。這一類是個甚麼類，舊說有點莫名其妙。釋文的解釋是「言此上獸屬多寄寓木上」。我想，這是既把寓讀作禺（禺是獼猴），又當寄寓講。但獼猴概

括不了這一類。猴子住在樹上，但麋、鹿、虎、狼怎麼會住在樹上？我理解，寓屬是鼠屬以外的一大類。鼠屬既然是「穴蟲之總名也」（《說文解字．鼠部》），住在地下，以此反推，寓屬自然住在地上。

《爾雅》把兔類列在寓屬，鼠類列在鼠屬。

《說文解字》卷十上有㲋（音 chuò）、兔兩部，皆與兔類有關。許慎說，㲋「似兔，青色而大」，似是一種體型較大的野兔，小篆寫法，頭與兔字的上半同，足與鹿字的下半同，象側視的兔；兔「象踞後其尾形」，小篆寫法，似是表現蹲兔。[3]

鳥鼠同穴

俗話說，「蛇鼠一窩」，意思是壞蛋扎堆兒，往一塊兒湊。這話有毛病。蛇、鼠要真住一塊兒，鼠早就被蛇吃了。老鼠碰見冬眠的蛇，也會吃蛇。

不過，自然界倒是有一種非常奇特的現象，叫「鳥鼠同穴」，古人早就注意到。很多到西北考察的中外科學家也證實，鼠打洞，鳥放哨，鳥鼠同穴，確有此事。[4]

《書．禹貢》：「導渭自鳥鼠同穴。」渭水出鳥鼠同穴山，山在甘肅渭源縣，即以鳥鼠同穴而名。

《爾雅．釋鳥》：「鳥鼠同穴，其鳥為鵌（音tú，粵音塗），其鼠曰鼵（音tū，粵音突）。」鳥鼠同穴的鳥是甚麼鳥？鼠是甚麼鼠？長期有爭論。學者發現，鵌是雪雀一類小鳥，鼵是鼠兔或黃鼠。[5]

鼠兔屬於兔形目，跟兔子是一類。黃鼠屬於嚙齒目，跟松鼠是一類。

野兔與家兔

中國的野兔（*Lepus capensis*）也叫草兔。漢代，上林苑就養兔子；梁孝王作梁園，也養過兔子，故梁園也叫兔園。但中國的家兔（*Oryctolagus cuniculus domestica*）並非從中國的野兔馴化，而是從歐洲傳入的穴兔（*Oryctolagus cuniculus*）馴化而成。

家兔的祖先是穴兔，穴兔最初分佈在法國和伊比利亞半島，後來摩洛哥、阿爾及利亞等地也有。

穴兔被馴化，可能比較晚，大概要到公元六世紀左右。十二世紀，家兔由諾曼人傳入英國。一八五九年，英國人把兔子帶到澳大利亞，造成兔災。

兔子善於逃跑

《説文解字》與㲋、兔有關的字，多與狡兔和善於逃跑有關。如逃逸的逸字，許慎的解釋是：「失也。從辵兔。兔謾訑（音 mán tuó，粵音曼宜）善逃也。」謾訑是欺詐的意思。

兔子太小，誰都打不過，上要防鷹，下要防犬，東張西望，隨時準備逃跑。牠兩眼長在臉的側面，不用扭頭，視野足以覆蓋三百六十度。跑起來，不但速度快，耐力好，每小時五十六公里，而且拐着彎跑，善於兜圈子，不斷急轉彎。

《孫子．九地》：「是故始如處女，敵人開戶；後如脱兔，敵不及拒。」

我的書齋叫待兔軒

《韓非子．五蠹》有個故事：

> 宋人有耕田者，田中有株，兔走，觸株折頸而死，因釋其耒而守株，冀復得兔，兔不可復得，而身為宋國笑。今欲以先王之政，治當世之民，皆守株之類也。

兔子會撞在樹上嗎？我一直不信。

然而，有一天我終於信了。

一九八一年十月七日至十二月十日，我在陝西寶雞縣西高泉村參加過一次發掘，我們挖一座大墓，土堆得像座小山，有人騎着摩托打兔子，秋天的曠野，無遮無攔，兔子被追，慌不擇路，不知「小山」頂上有陷阱，一頭扎下，正好落在人的懷裏。

我的書齋叫待兔軒，齋號就來自於此。

我把這事寫進了《何枝可依》的序言。

蟾宮和玉兔

中國有嫦娥奔月的故事。嫦娥，本名姮（音 héng，粵音恆）娥，漢避文帝諱，改嫦娥，也作常儀。

嫦娥為后羿妻，偷吃靈藥而獨自奔月（《淮南子．覽冥》）。她得到了天空，卻失去了土地。

嫦娥住的地方叫廣寒宮。蘇東坡説「我欲乘風歸去，又恐瓊樓玉宇，高處不勝寒。起舞弄清影，何似在人間」（《水調歌頭》）。這座宮殿，光聽名字，就冷冷清清。

廣寒宮裏，除了嫦娥，還有蟾蜍、玉兔。後來，又加了桂樹和吳剛。玉兔搗藥，那藥據說叫蛤蟆丸。北京隆福寺有家電影院，叫蟾宮電影院，小時候，我常去，後來改名，叫長虹電影院。蟾宮這名挺好，黑暗中看電影，真跟地上看月亮一樣。

馬王堆一號墓、三號墓和金雀山九號墓都出土過T形帛畫。帛畫上繪有日月，日中有金烏，月中有蟾蜍和玉兔。其後出現的漢代壁畫墓和畫像石墓沿襲了這一繪畫傳統。

日有金烏，見《易·明夷》。《明夷》是講金烏西落。

月有蟾蜍和玉兔，見漢詩《董逃行》。詩中有「玉兔長跪搗藥蝦蟆丸」句。

月有桂樹和吳剛，見唐《酉陽雜俎·天咫》。段成式說：「舊言月中有桂，有蟾蜍，故異書言月桂高五百丈，下有一人常斫之，樹創隨合。人姓吳名剛，西河人，學仙有過，謫令伐樹。」吳剛是月亮上唯一的男人。他像希臘神話中的西西弗斯，服不完的苦役，幹不完的活。

嫦娥是月亮上唯一的女人。她服藥飛升，棄老公如脱敝屣，徹底自由。徹底自由的意思是徹底寂寞。

李商隱有詩，「嫦娥應悔偷靈藥，碧海青天夜夜心」（《嫦娥》）。

兔爺和中秋節

明清時期，北京民俗，中秋祭月，要祭兔爺。月屬陰，男人不祭女人祭，後來成為小孩的玩具。

兔爺，據說與《封神演義》中的長耳定光仙有關。形象受戲劇影響，金盔金甲，背插小旗，騎在老虎背上。

十二生肖，虎、兔為鄰，兔當卯位，卯對酉，酉是中秋。

每當中秋啃月餅，就會想起兔爺。

兔子變成罵人話

兔子有個特點，耳朵長，尾巴短。俗話說，兔子的尾巴長不了。

北京話，兔崽子是罵人話。北京人罵人，有時為了加強語氣，前面還加三個字，叫胡蘿蔔兔崽子。

兒歌：「小白兔，白又白，兩隻耳朵豎起來，愛吃蘿蔔愛吃菜，蹦蹦跳跳真可愛。」大家都

以為，兔子最愛吃胡蘿蔔，但動物學家說，不對。

其實，兔子最愛吃甚麼，並不是胡蘿蔔。兔子吃胡蘿蔔，就跟我們吃高糖高脂高蛋白一樣，不能常吃，常吃就會「三高」。兔子最愛吃的東西是牠自己拉出來的「盲腸便」，據說隨拉隨吃，兔子排便分乾濕兩種，乾糞是小糞球，濕便飽含有益菌和維生素，有助消化吸收。近兩年，益生菌酸奶益生菌藥，忽然大行其道，想不到兔子都懂。我雖養過兔子，卻不知道還有這等怪事。

俗話說，狗改不了吃屎，其實那是兔子，改成兔子才對。

出土文物中的兔

出土文物中的兔，有三件兔尊，比較漂亮。

1、西周兔尊【圖1】，北京保利藝術博物館藏。兔子背上還有一個小兔子。

2、西周兔尊【圖2】，山西侯馬晉侯墓地64號墓出土，晉國古都博物館藏。

3、西周兔尊【圖3】，山西侯馬晉侯墓地8號墓出土，晉國古都博物館藏。

圖 1
西周兔尊
北京保利藝術博物館藏

圖 2
西周兔尊
晉國古都博物館藏

圖 3
西周兔尊
晉國古都博物館藏

註釋

1 《天水放馬灘秦簡》，84頁：簡33；《睡虎地秦墓竹簡》，219頁：簡72背；《隨州孔家坡漢墓簡牘》，175頁：簡370。

2 《天水放馬灘秦簡》，97頁：簡215。

3 郭郛認為，㲋是鼠兔（*Ochotonidae*），但鼠兔比兔小，與許慎的解釋不符。參看郭郛等《中國古代動物學史》，北京：科學出版社，一九九九年，73頁。

4 郭郛等《中國古代動物學史》，99、183-187頁。

5 同上。

龍年說龍

龍是瑞獸，幾千年來，一直是中國的政治—文化符號。

《易經》首卦，以乾為天，龍是代表天。《說文解字．龍部》：「龍，鱗蟲之長，能幽能明，能細能巨，能短能長。春分而登天，秋分而潛淵。」

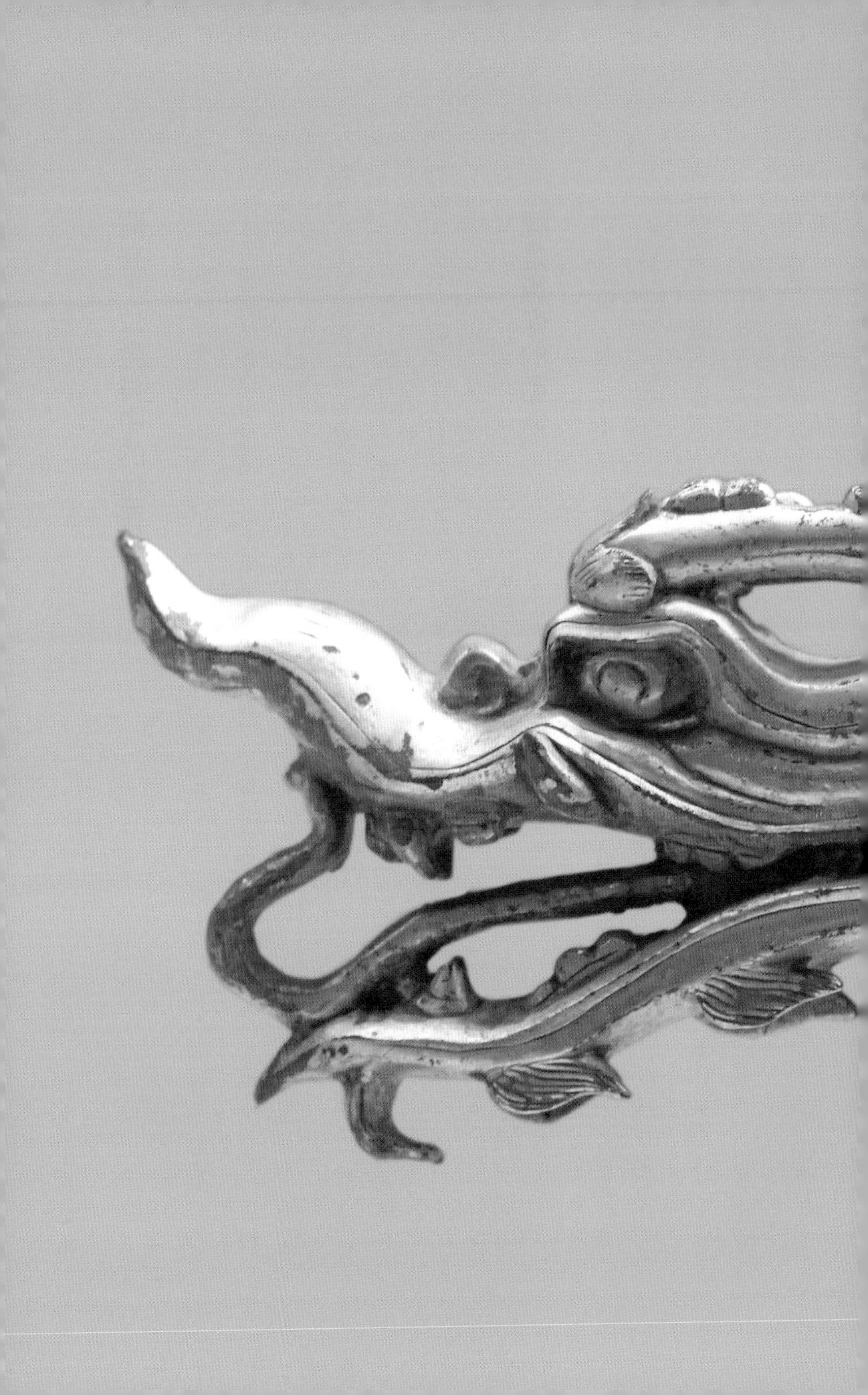

龍在十二生肖中的位置

天有四象，蒼龍、朱雀、白虎、玄武。古有四靈，龍、鳳、龜、麟。其中都有龍。

十二生肖，今以辰配龍。放馬灘秦簡《日書》甲種以辰配蟲。[1] 睡虎地秦簡《日書》甲種辰位配獸缺，疑漏抄。[2] 孔家坡漢簡《日書》辰位配獸，釋文作「蟲」，但從照片看，應為兩字，上字是蟲，下字從蟲，或許是「蟲蛇」二字。[3]

三十六禽，龍與蛟、魚相配，三者皆水蟲。放馬灘秦簡《日書》乙種講鐘律配獸，其中有龍，[4] 有王蟲，[5] 未見蛟、魚。

龍是想像的動物

龍是瑞獸，幾千年來，一直是中國的政治—文化符號。《易經》首卦，以乾為天，龍是代表天。《說文解字．龍部》：「龍，鱗蟲之長，能幽能明，能細能巨，能短能長。春分而登天，秋分而潛淵。」登天是興雲致雨，潛淵是蟄伏水中。龍是水蟲之長，普降甘霖，離不開龍。

龍既然代表天，天子當然就是龍子。中國皇帝，一向以龍子自居，俗稱真龍天子。如中國的第一個皇帝，秦始皇，人稱祖龍，就是以龍為天子之象。劉邦是平民皇帝，沒有貴族出身，怎麼辦？只好編個瞎話，假託劉累御龍的神話，說他媽劉媼（他是跟他媽的姓）被蛟龍上身，才有了他。

瑞獸多是想像的動物。想像的動物都是藉助想像，把不同的動物拼在一塊兒，越是不同類，越要往一塊兒湊。比如飛禽加走獸，頭上不長角，非要插上角，肩上無翅膀，非要插翅膀。中外藝術都有這類想像的動物（如西方的斯芬克斯、拉馬蘇、翼獅、格里芬、獨角獸等）。

中國龍，晚期形象，可舉頤和園仁壽殿前的銅龍為例【圖1】。古人說，龍身三曲，分為三段，模仿九種動物，綜合了多種動物的特點。[6] 但想像總要有所參照吧，細心觀察，我們還是不難發現，這類複合形象仍然參照了某些現實的動物。想像之中仍有真實。

龍是模仿甚麼

龍的參照物，主體是甚麼？眾說紛紜，當以爬行動物為是。中國人常把蜥蜴或類似蜥蜴的動物叫龍，現代譯語仍然保留着這種習慣。如鱷魚，古語叫蛟龍、鼉龍；[7] 蜥蜴，今語叫石龍子、變色龍。[8] 三十六禽，龍與蛟、魚相配，也可說明，龍是水蟲。

說起龍，我們會想起恐龍（*Dinosauria*）。或說古人可能見到過恐龍的化石，因而創造出龍的形象，[9] 此說無法證實。

恐龍稱霸中生代（二億五千一百萬年前至六千六百萬年前），現在只有化石。這種巨無霸，現在叫恐龍，是日本人按漢語習慣翻譯，西語原義只是「恐怖的蜥蜴」。

恐龍滅絕後，有四種爬行動物保留至今，一曰鱷魚，二曰蜥蜴，三曰蛇，四曰龜鱉，牠們才是合適的備選者。

四種爬行動物

爬行動物，卵生、變溫，要靠曬太陽積蓄能量，有許多共同點。

鱷（鱷）魚，現代鱷魚有二十三種，目前發現，體型最大，要數二〇一一年在菲律賓布納萬村（Bunawan）捕獲的洛龍（Lolong）。這條鱷魚屬灣鱷，長6.17米。

恐龍時代就有鱷魚。出土恐鱷（*Deinosuchus*）化石，推測長度為10米（也有人說只有8米），比所有現代鱷魚都長。出土帝鱷（*Sarcosuchus imperator*）化石更長，推測長度為11.65米。

中國的鱷魚，古代有三種。揚子鱷（*Alligator sinensis*）分佈在黃河流域和長江流域，馬來鱷（*Tomistoma schlegelii*）分佈在珠江流域，灣鱷（*Crocodilus porosus*）分佈在台灣島和海南島。[10] 揚子鱷屬短吻鱷（也叫中國短吻鱷），[11] 只有一二米長。馬來鱷屬長吻鱷（也叫馬來長吻鱷），樣子有點像恆河鱷（*Gavialis gangeticus*），也有狹長的吻部，[12] 但沒有球狀鼻頭，身上有黑色斑紋和條紋，長約三四米。灣鱷主要生活在近海的河口，既可在淡水水域活動，也可游到海裏，故稱河口鱷或鹹水鱷，其長四五米，最長可達六米多。現在，長江流域還有揚子鱷，其他兩種，中國境內已看不到。

古語所謂鱷，本指馬來鱷或灣鱷類的大鱷，鱷可能與驚愕之義有關，樣子很嚇人。揚子鱷只是普通的鱷，古人叫鼉，字亦作鮀。鼉從單聲，鮀從它聲（《説文解字》），乃元月二部對轉字，屬於通假字。鱷在水中，身如蛇形，有鱗似魚，這或許就是牠以鮀為名的緣故。[13]

鱷魚跟龍關係最大。《爾雅翼》卷三十説，鱷「似龍而無角，類蛇而有足」。「似龍」是説類似藝術表現的龍。古書所謂龍，有角曰虬（或相反），無角曰螭。[14] 鱷魚沒有角，有角屬於藝術誇張。但灣鱷耳後有兩條隆起的骨頭，形如雙角。所謂龍角，也可能是模仿灣鱷頭上的這種骨狀凸起。

蜥蜴，古人把野外的蜥蜴叫蜥蜴，室內的蜥蜴叫守宮（俗稱壁虎）。蜥蜴比較小，但巨蜥比較大。中國南方有一種水巨蜥（*Varanus salvator*），俗稱五爪金龍，體長可達三米，僅次於印尼的科莫多龍（*Varanus komodoensis*）。古人常以蜥蜴比鱷魚，把鱷魚看作大號的蜥蜴，西人亦如此。[15] 今人把蜥蜴叫四腳蛇，蛇是無腳的蜥蜴。

蛇，在爬行類中最年輕，肛門兩側還有四肢退化的痕跡，俗稱小龍，但巨蟒體長可達六七米，已經不是小龍。蛇也是龍的參照物。古人常以龍、蛇並稱。

龜鱉，一般比較小，但也有體型巨大長一米以上者，如古語所謂黿、鼉就是個頭很大的龜鱉。[16] 這種動物，骨在肉外，進化成甲殼，跟前三種相比，形象差別較大。古代分類，鱷魚、蜥蜴、蛇屬鱗蟲，龜鱉屬介蟲。古人說，龍為鱗蟲之長，主要跟前三種有關。但《淮南子·墬形》說「介潭生先龍，先龍生玄黿，玄

圖 1
頤和園仁壽殿前的銅龍

黿生靈龜，靈龜生庶龜」，還是把龜鱉說成龍的子孫。宋以來，石碑的龜趺往往是龍首龜，據說就是龍生九子之一的贔屭。故宮太和殿前也有龍首龜。古人常以龜、蛇並稱。玄武就是龜、蛇的結合。

鱷魚、蜥蜴有爪，龜鱉亦有爪，唯獨蛇無爪。古之所謂龍，身軀、花紋可以模仿蛇，但頭、角、鱗、爪是模仿鱷魚。鱷魚有一張恐怖的臉。

文物中的鱷魚形象

中國古代，蛇是常見動物，鱷魚也比較多。

古有畜龍傳說，歷虞、夏、商、周而不衰（見《左傳》昭公二十九年、《國語》的《晉語八》和《鄭語》）。所謂畜龍，也叫豢龍、擾龍、御龍，都指養鱷魚。養鱷魚，一可食用，二可利用牠的皮。鱷魚皮，今多用來做箱包，我國古代則用牠蒙鼓。如魏邵黛鐘，銘文講鼓樂之陳，有所謂「玉鐶鼉鼓」，「玉鐶」是玉磬，「鼉鼓」是鱷魚皮的鼓。[17] 王因、陶寺、石峁等遺址都發現過鱷魚骨板，[18] 原來就與蒙鼓有關。日本泉屋博古館藏商代銅鼓，鼓面即仿鱷魚皮。[19] 良渚陶器有鱷魚刻紋【圖2】，[20] 兩個大眼泡，一雙小眼睛，作俯視狀，大嘴張開，露出尖

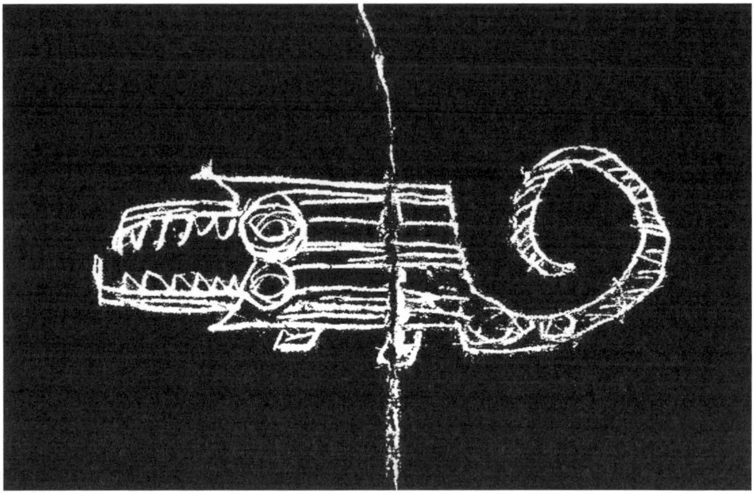

圖 2
良渚陶器上的鱷魚刻紋
良渚博物院藏

圖 3
商代鱷魚玉刻刀
中國社會科學院考古研究所藏

牙利齒，作側視狀，身體飾平行紋，像鱷魚鱗甲作平行排列，大腹便便，腹下有矮足，捲尾。

婦好墓出土過一把玉刻刀【圖3】，[21] 刻刀上的動物，長尾，用凹陷的小坑表示鱗，豎行排列。展覽圖錄説，此器動物是模仿穿山甲（*Mani*，古代叫鯪鯉），恐怕不對。穿山甲是尖嘴，鱗像魚鱗，不是平行排列。我看，此器動物是模仿鱷魚。

天津博物館有一件鱷魚形玉飾【圖4】，[22] 展覽圖錄説，此器動物是模仿蜥蜴，恐怕也不對。蜥蜴身體細長，此物卻大腹便便。我看，此器動物也是模仿鱷魚。[23]

河南桐柏月河春秋墓地M1出土一件所謂龍形玉飾【圖5】，[24] 該器「是用正面俯視角度刻劃一屈肢俯臥的如大蜥般的龍形動物」，雙眼後的花紋當是表現雙角，脊背兩側的花紋當是表現鱗片。我看，此物也是模仿鱷魚。[25]

湖北省博物館有一件青瓷鱷魚【圖6】，[26] 也用凹陷的小坑表示鱗，豎行排列，跟婦好墓的那件刻刀是同樣手法。[27]

漢字中的龍字

龍是中國本土的想像動物，文字本身就是證明。

圖 5
桐柏月河春秋墓地 M1 出土鱷魚形玉佩

圖 4
商代鱷魚形玉飾
天津博物館藏

圖 6
三國青瓷鱷魚
湖北省博物館藏

漢字中的龍字是個象形字，既像鱷，又像蛇，頭角崢嶸，張血盆大口，齜牙咧嘴，扭動身軀，長尾左右擺。

商代甲骨文的龍字，皆頭上尾下，作豎置狀。龍角多作棒槌角，口中有牙。

商代西周金文，龍角訛變成「辛」，口齒訛變成「月」。

東周金文，龍頭與身、尾分離。

戰國文字，變左右結構，頭在左，身尾在右。頭作上「辛」下「月」，尾加三撇，表現龍鬣。

秦漢文字，左半變上「立」下「月」。

龍作「竜」，像鱷魚大腹便便。宋以來，傳世古文有這種寫法，[28]日文也有這種寫法。現在看來，這種寫法，戰國就有。簡化字龙，只取龍字的右半，加以草書化。

出土文物

商周以來，龍被廣泛用於器物裝飾，特別是銅器和玉器。龍蛇類的動物，特點是能屈能伸，其造型可以適應各種器形。商周銅器，器腹、器耳、器座多用爬龍或臥龍為裝飾，屬於舒身龍，盤類器物和C形玉飾多用捲尾龍。

1、蚌殼擺塑的「龍虎圖」【圖7】，[29] 河南濮陽西水坡遺址M45出土，所謂龍，是側視效果的舒身龍，頭上長角，長吻大嘴，四足有爪，長尾幾與身等，近似鰐魚。

2、彩繪蟠龍紋陶盤【圖8】，[30] 山西襄汾陶寺遺址出土，蟠龍紋在器底，一頭雙身，頭上有角，口吐信子，頭外尾內，花紋酷似環蛇屬（*Bungarus*）的毒蛇。商周時期的龍紋盤仍延續這一風格，但龍頭如果太大，則頭內尾外。

3、綠松石鑲嵌的龍形器【圖9】，[31] 河南偃師二里頭遺址出土，器形為俯視效果的舒身龍，方頭長尾，無足爪，近似蛇。

4、商代龍首觥【圖10】，[32] 山西石樓桃花者村商墓出土，器形紋飾以龍為主，並有鰐魚紋。

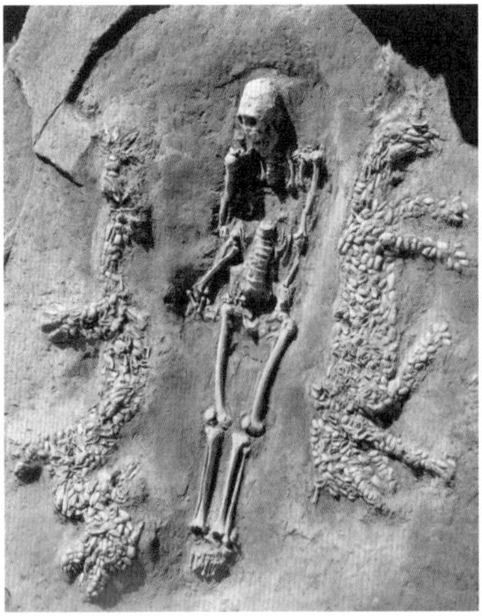

圖 7
濮陽西水坡龍虎圖

圖 8
陶寺彩繪蟠龍紋陶盤
中國社會科學院考古研究所藏

5、西周龍首觥【圖11】，[33]河南信陽獅河港出土。

6、西周銅爬龍【圖12-1】，[34]陝西扶風海家村出土，個頭很大，頭上有棒槌角，背上有像龍鬣的扉棱，除有四肢，與商代甲骨文的龍字【圖12-2】簡直一模一樣。

7、曾侯乙墓漆箱蓋【圖13】，[35]以北斗居中，二十八宿環繞，左青龍，右白虎。

商周捲尾龍，來源很古老。

C形玉器，以龍為飾，新石器時代就有。如紅山玉龍分兩種，一種是所謂玉勾龍，器身有單孔，器形較大；一種是所謂玉豬龍，器身有單孔（偶爾有雙孔），器形較小。類似的玉龍，南方也有，一般無孔。這種玉龍一般沒有足爪。商周以來的C形玉龍，一般也沒有足爪，特點是龍頭有棒槌角。

商周時期的龍，有爪龍，多為臥龍或爬龍，與器形有關；無爪龍，多為捲尾龍，作螺旋形，也與器形有關。我理解，無爪龍作C形或螺旋形，只是為了順應器形，並非模仿蠃蟲。

商周龍紋的基本特徵

商周時期，龍紋分很多種，其中使用最多的紋飾單元，是一個菱形加四個三角形，如上引器

圖 9
二里頭綠松石龍形器
中國社會科學院考古研究所藏

圖 10
商代龍首觥
山西博物院藏

圖 11
西周龍首觥
河南博物院藏

圖 12-1
西周銅爬龍
寶雞青銅器博物院藏

圖 12-2
商代甲骨文中的龍字

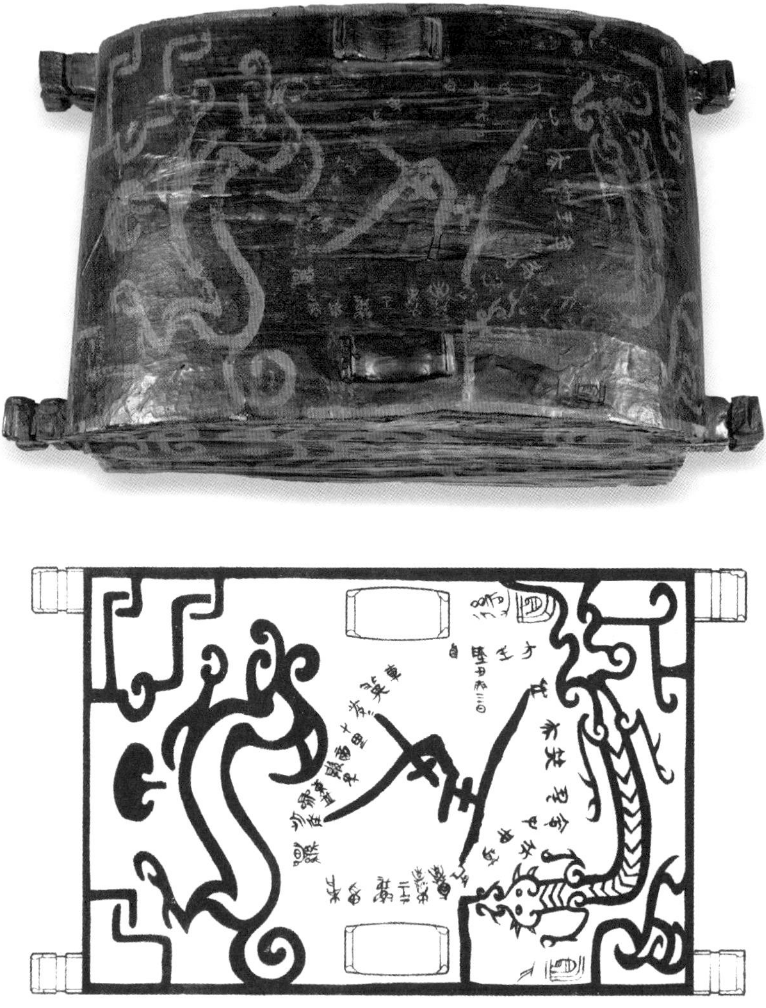

圖 13
曾侯乙墓漆箱蓋
湖北省博物館藏

物的龍紋，其身尾花紋就多半採用這種花紋。這種花紋最像蟒蛇的花紋。我們不難發現，商代銅器上的蛇正是用這種花紋表現。

其次，身體細長的龍還常常用一種形如飛鳥的花紋（類似數字3）作身尾花紋，有時單獨使用，有時作前一種龍紋的花邊。

此外，商周龍紋或有扉棱，扉棱多以T形缺口或T形陰線為飾（有時在兩個T形飾之間還夾一個I形飾），如海家村銅爬龍的龍鬣就是用這種扉棱表示。這種扉棱裝飾，有時也被圖案化，用作第一種紋飾的外緣，如弗利爾龍紋盤的龍身和龍尾。

饕餮紋是商周龍紋的面部特寫

中國紋飾，有兩種動物紋最有傳統，一種是龍紋，一種是鳳紋。

中國青銅時代，有兩種動物紋最重要，一種是饕餮紋，一種是鳳鳥紋。

饕餮紋最早出現於何時，學界也有爭論。有人把良渚、龍山和石家河的眼睛紋和人面紋說成饕餮的前身，把問題追到新石器時代，[36] 也有人把二里崗時期的獸面紋當作饕餮紋的源頭，[37] 但毫無疑問，商周時期才是這種紋飾的鼎盛期。

饕餮是一種貪吃的猛獸，常被用來形容人的貪吃、貪婪。[38]《呂氏春秋．先識》：「周鼎著饕餮，有首無身，食人未嚥，害及其身，以言報更也。」這話講得很清楚：第一，這種怪獸常被用來裝飾青銅器（如鼎）；第二，牠很貪吃，連人都吃，是一種食人怪獸；第三，饕餮紋是一種特寫，只突出臉的部份，省略其他。

世界各國，怪獸吃人，藝術常見。但商周饕餮紋，並不直接表現吃人，只是表現一張恐怖的臉。李澤厚稱為「獰厲的美」。[39]這張恐怖的臉，頭上長角，似人非人，似牛非牛，似羊非羊，讓人無所適從。出土文物中的動物形象，凡是說不清道不明者，多統稱為獸，故饕餮紋也叫獸面紋。

獸面紋只是一種逃避爭論的說法。

龍紋和饕餮紋的後續發展

戰國以來，漢地與北方草原在藝術上存在廣泛交流，不可避免地受到歐亞草原甚至近東藝術的影響，但毫無疑問，我們的龍還是我們的龍，並非自外輸入。例如大雲山漢墓出土過一件鎏金鑲玉瑪瑙帶扣【圖14】，[40]就是一件模仿草原帶扣，把漢地風格和草原風格雜糅在一起的

圖 14
大雲山漢墓出土鎏金鑲玉瑪瑙帶扣
南京博物院藏

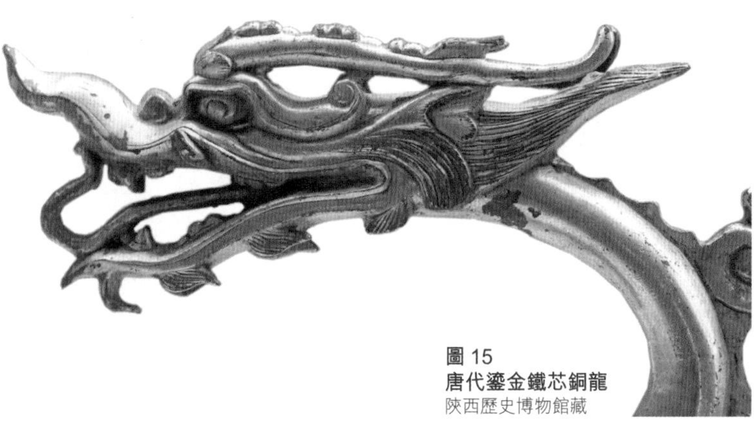

圖 15
唐代鎏金鐵芯銅龍
陝西歷史博物館藏

圖 16-1
宋代投龍
浙江省博物館藏

圖 16-2
五代吳越國投龍
浙江省博物館藏

精美藝術品。帶扣中間是一條大龍，鎏金的邊框是兩條小龍，這是漢地因素，但同時牠又以若干鈎喙的鷹頭附於龍身和邊框，則是草原飾牌常見的風格。外來因素只是這些小鷹頭（草原格里芬）。

漢以來的龍紋，往往作側視的走龍，如陝西歷史博物館藏唐代鎏金鐵芯銅龍【圖15】和杭州西湖出土宋代投龍【圖16】，有時還會加翅膀（古人叫應龍），乍看與辟邪有點像（辟邪是獅子的變形），特點是臉變長、身變細，彎彎曲曲，盤繞程度高，出現王符「三停」說的基本特徵。這種龍紋與商代西周的側視龍紋確實有一定區別，跟早期饕餮紋差距更大。但萬變不離其宗，我們從各種跡象看，牠們還是表現同一種想像的動物。

饕餮紋的遺產是後世的獸面紋，如鋪首銜環和獸面瓦當。

龍跟水旱風雨有關

龍居水中，跟水旱風雨關係最密切。求雨，對農業民族最重要。中國到處都有龍王廟。古人描寫龍，不是跟江河湖海有關，就是跟興雲致雨有關。中國人祈雨，舊有焚巫尪、作土龍的習俗，不但見於商湯求雨的故事，也見於殷墟卜辭。[41]

今世舞龍就是源於中國古代的求雨儀式（見《春秋繁露・求雨》），古人叫舞雩。它和舞獅不一樣。中國沒有獅子，獅子是從西域傳入，舞獅本來是用於佛教儀式。

鱷魚對水旱風雨最敏感。雨季，鱷魚潛伏水中，時而出來曬太陽。牠渾身的鱗片是天生的太陽能光板。旱季，牠會在岸邊刨洞，渾身裹上濕泥，躲在洞裏睡覺，等待下一次雨季來臨。溫度濕度，下雨不下雨，牠最清楚。

難怪動物學家說，龍的原形是鱷魚。[42]

附記：

此節是據舊作《說龍，兼及饕餮紋》改寫。該文刊載於《中國國家博物館館刊》二〇一七年三期，53-71 頁。

註釋

1 《天水放馬灘秦簡》，84 頁：簡 34。
2 《睡虎地秦墓竹簡》，219 頁：簡 73 背。
3 《隨州孔家坡漢墓簡牘》，175 頁：簡 371。
4 《天水放馬灘秦簡》，98 頁：簡 218。
5 同上書，簡 230。

6 《爾雅翼》卷二八：「王符稱世俗畫龍之狀，馬首蛇尾。又有三停九似之說，謂自首至膊，膊至腰，腰至尾，皆相停也。九似者，角似鹿，頭似駝，眼似鬼，項似蛇，腹似蜃，鱗似魚，爪似鷹，掌似虎，耳似牛。」

7 蛟龍見戰國以來的古書，鼉龍見宋以來的古書。

8 石龍子是石龍子科（*Scincidae*）的蜥蜴，變色龍是避役科（*Chamaeleonidae*）的蜥蜴。

9 于省吾主編《甲骨文字詁林》，北京：中華書局，一九九六年，第二冊，1758 頁引葉玉森說。

10 郭郛等《中國古代動物學史》，北京：科學出版社，一九九九年，360、523 頁。

11 美國也有短吻鱷，比揚子鱷大。

12 這種鱷魚的頭骨有點類似出土的帝鱷化石。

13 鱷字見《廣韻》，韓愈《鱷魚文》作鱷，大概是唐以來的寫法。《說文解字·蟲部》的𧋍字指馬來鱷或灣鱷，《說文解字·黽部》的鼉字指揚子鱷，鱷字通行於唐以來。

14 《說文解字·蟲部》有三個字與龍有關，一是蛟，二是螭，三是虬。

15 西人以 alligator 指短吻鱷，以 crocodile 指其他鱷。這兩個詞的本義都是蜥蜴。

16 《說文解字·黽部》：「黿，大鼈也。」《說文新附·黽部》：「鼇，海大鼈也。」黿是大鼈類動物的總稱，包括現代的黿（*Pelochelys cantorii*）和斑鼈（*Rafetus swinhoei*），鼇是大海龜。

17 中國社會科學院考古研究所編《殷周金文集成》（修訂增補本），北京：中華書局，二〇〇七年，第一冊，270-280 頁：00225-00137。

18 王因出土鱷魚骨板，見中國社會科學院考古研究所編著《山東王因——新石器時代遺址發掘報告》，北京：科學出版社，二〇〇〇年，288 頁，圖 2 三五：20。陶寺出土鱷魚骨板，見中國社會科學院考古研究所山西工作隊等《1978-1980 年山西襄汾陶寺墓地發掘簡報》，《考古》一九八三年一期，30-42 頁。石峁遺址出土鱷魚骨板，見陝西省考古研究院等《陝西神木縣石峁遺址後陽灣、呼家洼地點試掘簡報》，《考古》二〇一五年五期，60-71 頁。

19 泉屋博古館編《泉屋博古》，日本：便利堂，二〇一四年，118-119 頁，圖版 142。

20 張炳火主編《良渚文化刻畫符號》，上海：上海人民出版社，二〇一五年，46-47 頁。刻有鱷魚圖像的器物，是葡萄畈出土的寬把陶杯，據劉斌《杭州市餘杭區良渚古城遺址 2006-2007 年的發掘》（《考古》二〇〇八年第七期，3-10 頁）一文，葡萄畈是良渚文化晚期遺址。

21 中國社會科學院考古研究所等編《王后·母親·女將：紀念殷墟婦好墓考古發掘四十周年》，北京：科學出版社，二〇一五年，169 頁。

22 天津博物館編《天津博物館藏玉》，北京：文物出版社，二〇一二年，48-49 頁。

23 中國國家博物館藏類似商代玉器，見「證古澤今——甲骨文文化展」（二〇一九年十月二十二日開幕）。

24 河南博物院編著《中原古代文明之光》，北京：科學出版社，二〇一一年，179頁。

25 這種玉刻刀還有章乃器藏器和安陽王峪口所出，參看李零《婦好墓「龍紐石器蓋」、九溝西周墓「龍紐玉印」及其他》，《中國國家博物館館刊》二〇一九年六期，71-82頁。

26 據湖北省博物館提供的信息，這件青瓷鰐魚是出土於湖北省鄂州市司徒村郭家細灣濱湖東路M15。

27 類似器物還有湖北黃陂灄口區劉集鄉丁店蔡塘角所出，武漢市博物館藏。參看武漢市博物館《武漢黃陂灄口古墓清理簡報》，《文物》一九九一年六期，48—54轉96頁。

28 徐在國編《傳抄古文字編》，北京：線裝書局，二〇〇六年，下冊，1167-1168頁。

29 濮陽市文物管理委員會等《河南濮陽西水坡遺址發掘簡報》，《文物》一九九八年三期，1-6頁。

30 《1978—1980年山西襄汾陶寺墓地發掘簡報》。圖見圖版肆，1。

31 中國社會科學院考古研究所二里頭工作隊《河南偃師市二里頭遺址中心區的考古新發現》，《考古》二〇〇五年七期，15-20頁。

32 謝青山、楊紹舜《山西呂梁縣石樓鎮又發現銅器》，《文物》一九六〇年七期，51-52頁。案：桃花莊，今名桃花者村，在縣城東南。

33 信陽地區文管會等《河南信陽縣溮河港出土西周早期銅器群》，《考古》一九八九年一期，10-19頁。

34 陝西省《扶風巨良海家出土大型爬龍等青銅器》，《文物》一九九四年二期，92-96轉91頁。

35 湖北省博物館編《曾侯乙墓》，文物出版社，一九八九年，上冊，354頁。

36 林巳奈夫《神與獸的紋樣學——中國古代諸神》，常耀華等譯，北京：生活・讀書・新知三聯書店，二〇〇九年，53-123頁。

37 Robert W. Bagley, *Shang Ritual Bronzes in the Arthur M. Sackler Collections*, Cambridge: Harvard University Press, 1987, pp. 19-22.

38 鰐魚正是這樣一種甚麼都吃，甚至連人都吃的怪獸。我懷疑，「饕餮」二字也許是鼉字的緩讀。

39 李澤厚《美的歷程》（修訂插圖本），天津：天津社會科學出版社，二〇〇一年（第一版刊於一九八一年），第二章：青銅饕餮——獰厲的美（47-64頁）。

40 南京博物院《長毋相忘：讀盱眙大雲山江都王陵》，南京：鳳凰出版傳媒有限公司、譯林出版社，二〇一三年，429頁。

41 裘錫圭《説卜辭的焚巫尪與作土龍》，收入《裘錫圭學術文集》（甲骨文卷），上海：復旦大學出版社，二〇一二年，194-205頁。

42 郭郛等《中國古代動物學史》，北京：科學出版社，一九九九年，24頁。

蛇年說蛇

蛇是一億年前從早期蜥蜴目的成員進化而來，資格非常老。蜥蜴是四腳蛇，蛇是無腳蜥蜴。

有些蛇，四肢退化，還留下點痕跡，有些則完全退化。牠們在地球上分佈極廣，除南北極，到處都有。

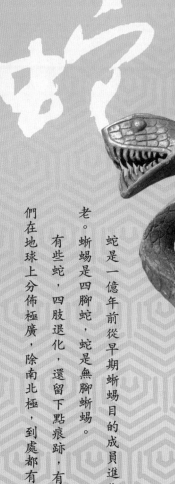

蛇在十二生肖中的位置

十二生肖，今以巳配蛇。放馬灘秦簡《日書》甲種以巳配雞，顯然是抄誤。[1] 睡虎地秦簡《日書》甲種以巳配蟲，[2] 孔家坡漢簡《日書》以巳配蟲，[3] 所謂蟲、蟲應即蛇。

三十六禽，蛇與蚓、鱔相配，三者形象相似。放馬灘秦簡《日書》乙種講鐘律配獸，其中有蛇，[4] 有王蟲，[5] 未見蚓、鱔。

蛇與蟲

孔子勸他的學生學《詩》，說學《詩》有個好處，可以「多識於鳥獸草木之名」（《論語·陽貨》）。博物學，古稱「雅學」。多識鳥獸草木之名者，古稱「博雅君子」。

中國古代有五蟲說，五蟲配五行，見《管子·幼（玄）官（宮）》、《大戴禮·夏小正》、《禮記·月令》、《呂氏春秋》十二紀、《淮南子·天文》等書。古之所謂五蟲，羽蟲是飛禽（即鳥類），毛蟲是走獸（以哺乳動物為主），鱗蟲是魚類和爬行類，介蟲（或甲蟲）的特點是骨在肉外（龜鱉蝦蟹和貝類屬於這一種），蠃蟲（或倮蟲）赤裸無毛（小到昆蟲的幼蟲，大到號

稱裸猿的人類）。鳳為羽蟲之長，麟為毛蟲之長，龍為鱗蟲之長，龜為介蟲之長，人為贏蟲之長。龍、鳳、麟、龜皆瑞獸。人是五靈之長。今以靈長目（*Primates*）統稱猴、猿和人。

《爾雅》不同，它把動物分成蟲、魚、鳥、獸、畜五類。蟲是昆蟲，魚是魚類，鳥是鳥類，獸是哺乳動物，畜是六畜，六種家養的動物。《爾雅‧釋蟲》的蟲相當今之昆蟲。有足的昆蟲叫蟲，無足的昆蟲叫豸（音zhì；粵音自），其中不包括蛇，蛇在魚類。《爾雅‧釋魚》的魚，不光是魚類，還包括爬行類，如蛇、蛙、龜、鱉、蜥蜴。五蟲說把蛇、蛙、蜥蜴歸入鱗蟲，龜、鱉歸入介蟲。

《說文解字》的動物部首有三十六個，其分類與《爾雅》也不同。[6]《爾雅‧釋蟲》把蟲類分為蟲、豸兩類，許慎把豸理解為長脊獸，從豸之字皆哺乳動物，與蟲無關。與蟲有關的字在《說文解字》卷十三。

《說文解字》卷十三有虫、䖵、蟲、風、它、龜、黽、卵八部，前四部與蟲有關，後四部與蛇、龜、蛙有關。許慎以一虫為虺，二虫為䖵，三虫為蟲，分別定其讀音。[7]許慎以它為蛇，與蛇有關的字多在虫部。

蛇分三大類

蛇是一億年前從早期蜥蜴目的成員進化而來，資格非常老。蜥蜴是四腳蛇，蛇是無腳蜥蜴。有些蛇，四肢退化，還留下點痕跡，有些則完全退化。牠們在地球上分佈極廣，除南北極，到處都有。

蛇目下分三個亞目：盲蛇、原蛇和新蛇。

盲蛇，無毒，多具後肢帶（四肢退化的痕跡），是現存最原始的蛇。這種蛇，長相像蚯蚓，雙眼退化，只有兩個小圓點，基本上是瞎子，鱗很小，身上光溜溜，主要分佈在亞洲和非洲。

原蛇，也是無毒蛇，多具後肢帶，也比較原始。原蛇中有蟒蚺科，世界上最大的蛇屬於此科。蟒亞科是舊大陸的蛇，蚺亞科是新大陸的蛇。這類蛇主要生活在熱帶雨林。

新蛇，既有毒蛇，也有無毒蛇。這種蛇，進化最徹底，無後肢帶，屬於地球上最先進的蛇，其中包括遊蛇科、眼鏡蛇科和蝰科等。遊蛇最多，多數無毒，少數有毒。眼鏡蛇和蝰科是有毒蛇。

《爾雅》《說文解字》中的蛇

1、蛇：《爾雅．釋魚》有螣蛇、王蛇。《說文解字．它部》：「它，虫也。從虫而長，象冤曲垂尾形，上古艸居患它，故相問無它乎。凡它之屬皆從它。，它或從虫。」此字像身體前段豎起，頸部皮褶兩側膨脹的眼鏡蛇（*Naja*）。

2、蛈（音 dié，粵音秩）：《爾雅．釋魚》：「蛈，蝁。」郭郛說，蛈即蝮蛇（*Agkistrodon halys*）。[8]

3、蝁（音 è，粵音堊）：《說文解字．虫部》：「蝁，蛈也。」郭郛以為與蛈為同一種蛇。[9]我懷疑，此蛇即俗稱惡烏子的毒蛇。惡烏子又名烙鐵頭，學名叫原矛頭蝮（*Protobothrops mucrosquamatus*），屬於蝰科蝰亞科，是一種劇毒蛇。

4、螣（音 téng，粵音滕）：《爾雅．釋魚》：「螣，螣蛇。」《說文解字．虫部》：「螣，神蛇也。」傳說是會飛的蛇，可能是樹棲蛇。郭郛認為，螣蛇是從樹上高空騰起下落的蝮蛇（*Agkistrodon halys*）。[10]亞洲南部和印度東部有一種金花蛇（*Chrysopelea ornata*），確實能從一棵樹到另一棵樹做短距離滑翔。

5、蟒：蟒蛇（*Python molurus*）。《爾雅．釋魚》：「蟒，王蛇。」王蛇是大蛇。

6、蚺（音 rán，粵音男）：亦蟒蛇。《說文解字．虫部》：「蚺，大蛇可食。」

7、蝮虺（音 huǐ，粵音委）：《爾雅．釋魚》：「蝮虺，博三寸，首大如擘（音 bò，粵音 maak^{3}）。」蝮虺連言，是一個詞。《說文解字．虫部》虺作虫，與蝮互訓，另以虺字指虺蜥（一種蜥蜴）。[11] 許慎對虫字的解釋是「一名蝮，博三寸，首大如擘指，象其臥形。物之微細，或行或毛（飛），或蠃（倮）或介或鱗，以虫為象。凡虫之屬皆從虫」，對蝮的解釋是「蝮，虫也」。這種蛇，特點是身子粗，頭大，郭郛說，蝮虺即尖吻蝮（*Agkistrodon acutus*）。尖吻蝮屬於蝰科蝮亞科。[12]

蛇與龍

《大戴禮．易本命》說：「有羽之蟲三百六十，而鳳皇為之長；有毛之蟲三百六十，而麒麟為之長；有甲之蟲三百六十，而神龜為之長；有鱗之蟲三百六十，而蛟龍為之長；倮之蟲三百六十，而聖人為之長。」

龍、鳳、麟、龜，號稱四靈，四靈皆瑞獸。瑞獸是想像的動物。想像的動物是以現實的動物為依託，綜合若干動物的特點而成。人，不僅是倮蟲之長，而且是五蟲之長，現在叫靈長類。

龍像甚麼？古人有三停九似之說（《爾雅翼》卷二八），皆後人添油加醋。其實，龍所依託主要是古之鱗蟲。古人或稱魚龍，或稱龍蛇，或稱龜蛇，都可反映這三類動物在古人心目中是關係最近的動物。

我在前面講，龍是以鱷魚為原型，鱷魚是大蜥蜴，蜥蜴是四腳蛇，蛇是無腳蜥蜴。三者有密切關係。

古代盤類器物常以蟠龍為飾，頭是龍頭，卻往往沒有足。這種無腳龍，非常像蛇。還有一些器蓋，也以蟠龍為飾。

難怪蛇稱小龍，十二生肖次於龍。

蛇與龜

《周禮．春官．司常》：

> 司常掌九旗之物名，各有屬，以待國事。日月為常，交龍為旂，通帛為旜，雜帛為物，熊虎為旗，鳥隼為旟，龜蛇為旐，全羽為旞，析羽為旌。

交龍對應蒼龍，熊虎對應白虎，鳥隼對應朱雀，龜蛇對應玄武。

《淮南子．天文》：

何謂五星？東方，木也，其帝太皞，其佐句芒，執規而治春；其神為歲星，其獸蒼龍，其音角，其日甲乙。南方，火也，其帝炎帝，其佐朱明，執衡而治夏；其神為熒惑，其獸朱鳥，其音徵，其日丙丁。中央，土也，其帝黃帝，其佐后土，執繩而制四方；其神為鎮星，其獸黃龍，其音宮，其日戊己。西方，金也，其帝少昊，其佐蓐收，執矩而治秋；其神為太白，其獸白虎，其音商，其日庚辛。北方，水也，其帝顓頊，其佐玄冥，執權而治冬；其神為辰星，其獸玄武，其音羽，其日壬癸。

所謂五獸，東方蒼龍，南方朱鳥，中央黃龍，西方白虎，北方玄武。《史記．天官書》的二十八宿，正是以四象劃分天宇。玄武為北方水神，其象為龜蛇相配。

出土文物中的蛇

南方多蛇，器物多以蛇為飾，這裏舉幾個例子。

1、商代提梁方卣蓋上的蛇【圖1】，江西新干大洋洲出土，江西省博物館藏。蛇身的紋飾單元為一個菱形方格紋加四個三角紋。這是商代最典型的蛇紋。

2、春秋提梁卣，湖南衡陽出土，衡陽市博物館藏。卣身以蛇紋、蛙紋為飾。中國國家博物館有一件類似的器物【圖2】，也是衡陽出土。

3、蛇形鏤空銅器【圖3】，雲南江川李家山51號墓出土，雲南江川李家山考古工作站藏。

4、滇王之印【圖4】，雲南晉甯石寨山M6出土，中國國家博物館藏。漢代封賜南方蠻夷君長多以蛇紐印。

圖 1
商代提梁方卣蓋紋飾
江西省博物館藏

圖 2
春秋提梁卣
中國國家博物館藏

圖 4
「滇王之印」金印
中國國家博物館藏

圖 3
漢代蛇形鏤空銅器
雲南江川李家山考古工作站藏

註釋

1 《天水放馬灘秦簡》，84 頁：簡 35。
2 《睡虎地秦墓竹簡》，219 頁：簡 74 背。
3 《隨州孔家坡漢墓簡牘》，175 頁：簡 372。
4 《天水放馬灘秦簡》，98 頁：簡 219。
5 同上書，簡 230。
6 《說文解字》中與動物有關的部首，卷二有牛（黃牛、水牛）、犛（音 lí，氂牛），卷四有羽、隹（音 zhuī，短尾鳥）、雈（音 huán，鴟梟）、羊、鳥（長尾鳥）、烏（烏鴉），卷五有虎，卷九有豕、㣇（音 yì，箭豬）、彑（音 jì，豬頭）、豚（小豬）、豸（音 zhì，長脊獸）、兕（音 sì，犀牛），卷十有馬、廌（音 zhì，獨角獸）、鹿、㲋（音 chuò，大野兔）、兔（野兔）、萈（音 huán，細角山羊）、犬、鼠、能（熊屬）、熊，卷十一有魚、燕、龍，卷十三有虫（音 huǐ，蝮蛇，同虺）、䖵（音 kūn，昆蟲，同昆）、蟲（chóng，有足蟲）、它（音 tā，即蛇）、龜、黽（音 mĕng，蛙），卷十四有禸（音 róu，同蹂，獸跡）、嘼（音 chù，同畜）。蟲類主要在卷十三，魚類主要在卷十一，鳥類主要在卷四，獸類、畜類散見於卷二、卷四、卷九、卷十四。許慎的分類似與《爾雅》不同，蛇、龜、蛙屬於蟲類，而非魚類。
7 這種分類與古文字不合，恐怕是漢代蒙學創造的體例。
8 郭郛等《中國古代動物學史》，北京：科學出版社，一九九九年，93 頁。
9 郭郛等《中國古代動物學史》，93 頁。
10 同上書，54-56、93 頁。
11 《說文解字．虫部》：「虺，虺以注鳴。《詩》曰『胡為虺蜥』。」虺屬蜥蜴類，即石龍子（*Scincidae*），也叫四腳蛇。古人把蜥蜴類的動物視為蛇。
12 郭郛等《中國古代動物學史》，58、93、123 頁。

馬年説馬

馬科動物，包括馬、驢、馬與驢所生的騾，還有非洲斑馬。馬出野馬，驢出野驢。牠們的共同祖先，有趾無蹄。馬的老祖宗叫始祖馬，前足四趾，後足三趾，後來統統變成三趾。

馬在十二生肖中的位置

十二生肖，以午配馬，放馬灘秦簡《日書》甲種同。[1] 但睡虎地秦簡《日書》甲種和孔家坡漢簡《日書》，午位不是馬而是鹿。[2] 三十六禽，馬與鹿、獐相配。這三種動物都是善於奔跑的動物，古人以為相近。放馬灘秦簡《日書》乙種講鐘律配獸，其中有馬，[3] 未見鹿、獐。鹿見甲種午位。

指鹿為馬

《史記．秦本紀》有個「指鹿為馬」的故事：

八月己亥，趙高欲為亂，恐群臣不聽，乃先設驗，持鹿獻於二世，曰：「馬也。」二世笑曰：「丞相誤邪？謂鹿為馬。」問左右，左右或默，或言馬以阿順趙高。或言鹿，高因陰中諸言鹿者以法。後群臣皆畏高。

有學者認為，這個故事與簡文有關。[4]

馬是「國際動物」

看電視，我愛看動物。動物，每天輪流上演，不是獅子、角馬，就是犀牛、大象，不是獵豹、鬣狗，就是河馬、鱷魚，場景幾乎全在東非大草原。毒蛇大蟒，上鏡最多，一開電視就竄出來。動物攝影，主要是歐美攝影家在拍，要拍就拍野生動物，越野越好。鏡頭中的非洲好像動物園，他們叫「狂野非洲」。

六畜馬為首。馬是家畜，國產就有，誰都見過，不新鮮，好像不值得拍，拍也放在「農廣天地」，供農民兄弟看。現在時興講國際，我可以毫不誇大地講，馬是真正的「國際動物」。甚麼最國際？一曰商貿，二曰戰爭，古代和今天一樣。絲綢之路，全靠駱駝和馬。駱駝只能馱東西。馬不一樣，除了馱負挽重，還可用於戰爭，讓披堅執銳的戰士，駕戰車或騎着牠，縱橫馳騁，無遠弗屆，甚麼地方都能去。

馬從哪裏來

馬科動物，包括馬、驢、馬與驢所生的騾，還有非洲斑馬。馬出野馬，驢出野驢。牠們的共同祖先，有趾無蹄。馬的老祖宗叫始祖馬，前足四趾，後足三趾，後來統統變成三趾。

現代馬，圓蹄，高個兒，長臉，大門牙，這是經長期進化，最後留下的長相。馬的祖先不是這副模樣，身上有條紋，大小跟狐狸差不多，整天在林子裏亂竄。這跟我們對現代馬的印象大不一樣。

我們都知道，現代馬是生活在舊大陸，牠的故鄉是歐亞草原。草原開闊，拔高了牠的身材，讓牠抬頭望風，視野開闊，低頭吃草，剛好夠得着。吃草的動物都一驚一乍，圓蹄才跑得快。這是在新環境下造就。

家馬是十六世紀從歐洲傳入美洲，但牠的祖先卻是美洲動物。遠在十六萬年前，牠們從白令海峽，經早先連接新舊大陸的陸橋，傳入地球這一邊。傳入後，反而在美洲絕跡。

歐亞草原在舊大陸的北部，東西橫陳。馬的傳播，先是從東到西，後是從北到南。北方的馬，毛長皮厚，耐寒；南方的馬，毛短皮薄，耐熱。研究馬的專家把馬分成冷血、溫血和熱血，就是按緯度和氣候分。

現在，小馬不如大馬，但小馬更原始。斑馬有條紋，不入主流，但條紋恰好是本色，我們在有些馬的腿上還能見到。

野馬被馴化

馬的前輩是野馬，驢的前輩是野驢。家馬、家驢出現後仍有野馬、野驢。

野馬，現在可考，據說有四種：凍原馬、森林馬、歐洲野馬、普氏野馬。這種馬，在進化譜系上叫「真馬」。凍原馬在西伯利亞東北，早就滅絕。其他三種，森林馬、歐洲野馬在歐洲，普氏野馬在亞洲。

司馬遷在《匈奴列傳》中提到過騊駼、驒騱。騊駼，學者推測是普氏野馬（*Equus Przewaskii*）。[5] 驒騱，司馬相如《上林賦》是把牠跟驢騾類的動物放一塊講，郭璞以為駏驢類，我看是蒙古野驢。

野馬如何馴化成家馬，這是動物考古的大問題，現在屬於科技考古。我的朋友，袁靖和李水城，他們正在研究這個國際性課題。我向他們請教，他們說，目前證據最早是哈薩克斯坦北部波太（Botai）遺址出土的馬骨，年代在公元前三千五百年。馬從北美進入亞洲北部，向西擴散，是在歐亞草原被馴化。這個地點很寸，既不靠東，也不靠西，說南不太南，說北不太北，大體居中。

波太馬的年代，現在有爭論，準不準，不敢說，但我們從下述文物看，就算晚，也不能太晚。

二〇一二年，不列顛博物館有個馬文物展，展出過一批與馬有關的文物。最早幾件，可以早到公元前二千八百至前一千八百年。烏爾標準器、海法吉（Khafajeh）遺址陶罐和古亞述赤鐵礦滾筒印上有四個「馬頭馬腦」的傢伙在拉車，車是四輪車。這四個傢伙是馬是驢不好分，圖錄說是「四頭驢」。但圖版7：古巴比倫陶範，年代為公元前二千至前一千八百年，圖錄終於說，陶範上的圖案是人騎馬；圖版8：古巴比倫泥版，有漢謨拉比十四年的紀年，相當公元前一七七九年，圖錄終於說，泥版上的圖案是人駕馬車。比這批文物晚，圖錄中還有埃及新王國時期、中巴比倫和中亞述時期的文物，年代都在公元前一千年以前。公元前一千年以後，書中有洛雷斯坦青銅器、亞述畫像石、奧克蘇斯寶藏等等。馬被馴化，已經是明擺着的事。

馬是隨戰爭文化傳遍全世界

歷史上，遊牧民族與農耕民族是共生關係，就像虎狼和馬牛羊是共生關係。遊牧民族的生存線是一條以沙漠、綠洲、戈壁、荒山和草原串聯的乾旱帶，從北非、阿拉伯半島，經伊朗、阿富汗、中亞五國，到新疆和蒙古草原，逶迤一線，把舊大陸的北半分成東西兩塊，很像太極圖的陰

陽魚。世界上的古老文明多半都是傍着這條線發展。草原有如大海，航海都是順邊溜，遊牧也是。草原帝國的前沿總是貼近農耕定居點。這些財富集中、人口集中、天下最富庶的地區，好像天意安排，專等他們搶。他們每次發起攻擊，都像棄舟登岸。

學者說，遊牧民族對農耕民族的衝擊有三次高潮，每次都影響到世界格局的改變。這話一點沒錯。

第一次浪潮分東中西三線，情況很複雜。這三線，最引人注目的是雅利安人南下。他們從南俄草原，經中亞進入伊朗、印度和阿富汗。這是家馬南下的主線。

第二次浪潮是日耳曼從西邊對羅馬帝國入侵，匈奴從東邊對秦漢帝國入侵。秦皇漢武築長城，有如防洪的堤壩。他們不但把北方民族的衝擊波一次次擋住，還把牠推向西邊。這造成中亞和歐洲的多米諾骨牌效應。羅馬帝國扛不住，終於崩潰。

第三次浪潮是阿拉伯人北上，與基督教世界爭雄；接着是蒙古西征、突厥南下，沿呼羅珊大道，直逼小亞細亞。阿拉伯帝國、蒙古帝國和奧斯曼帝國的建立，全有馬的功勞。

馬是軍事文化的符號，全世界一樣。馬是靠這種一波又一波的衝擊，傳遍全世界。征服者都是馬上取天下。歐洲人是最後一個世界征服者。他們取天下，不僅靠船，也靠馬。

他們把馬傳到了全世界。

以純血馬為中心的歷史是一部倒寫的歷史

歷史是由征服者撰寫，倒過來撰寫。

上述展覽，圖錄題目是《馬》，副標題是「從阿拉伯半島到皇家阿斯科特賽馬會」。第一章講古代近東的馬，第二章講伊斯蘭世界的馬，第三章講阿拉伯半島的馬，第四章講阿拉伯馬和布倫特夫婦，第五章講現代英國的馬，最後是圖版。英國人愛馬，對馬研究甚深，令人敬佩。但圖錄展示的歷史，只是他們熟悉的歷史，用他們熟悉的方式寫，非常英國。

英國人愛馬，愛的是純血馬（血統純正的馬，香港稱純種馬）。純血馬的來源是貝都因人養的阿拉伯馬，以及著名的西班牙馬。西班牙馬的來源是柏柏爾人養的柏布馬。追根究底，這些馬，不是出自北非，就是阿拉伯半島。歐洲的老鄰居和老敵人，前有近東各國，後有伊斯蘭世界。馬是用來打仗，不打不相識。英國的寶馬是伊斯蘭世界的饋贈。

英國人征服印度、北美、澳大利亞，騎的是英國馬。西班牙人征服拉丁美洲，騎的是西班牙馬。印第安人沒見過馬，第一次見馬，十分震驚，但很快就愛上了馬。

這些馬和與之沾親帶故的馬都是歐洲人征服世界的馬。他們的馬，遍佈世界賽馬場和各種與馬有關的體育活動，高大、漂亮、速度快、耐力好，的確是最好的馬。這樣的馬，雄踞馬史中心，就像他們筆下的所有歷史一樣。難道不應該嗎？我說應該。

但我想補充一句，這樣的歷史是倒寫的歷史。純血馬後來居上，只是這部倒寫歷史的中心。

天馬出西極，神龍不能追

有兩種馬非常重要，書中沒有提到，這就是土庫曼斯坦的阿克哈·塔克馬（Akhal teke horse）和一九六五年在伊朗北部發現的裏海馬（Caspian horse）。有學者把真馬分為四型，1型、2型是歐亞大陸北部的馬，3型、4型是歐亞大陸南部的馬。3型對應的現代馬是阿克哈·塔克馬，4型對應的現代馬是裏海馬。據說，阿拉伯·孟納齊賽馬與阿克哈·塔克馬有血緣關係，裏海馬就是阿拉伯馬的祖先。

土庫曼斯坦的馬，歷史上非常有名，也叫馬薩蓋特馬、尼薩馬、安息馬、波斯馬、土庫曼馬。阿克哈·塔克馬，其重要性一點兒也不讓於阿拉伯馬和柏布馬。

阿契美尼德王朝的波斯帝國，幅員廣大，萬邦來朝。它的開國之君，居魯士大帝是死於馬薩蓋特人之手。我們從波斯波利斯宮殿的石刻上仍能看到，當時的寶馬是尼薩馬。尼薩在甚麼地方？正在土庫曼斯坦的首都阿什哈巴德附近。阿契美尼德王朝之後，安息王朝就是從尼薩崛起，現在仍是阿克哈．塔克馬的繁育中心。薩珊王朝的石刻，畫面上的國王，不是仗劍而立，就是騎在馬上；不是槍挑敵酋（安息國王），就是馬踏敵酋（羅馬皇帝）。他們騎的馬，大概也是這種馬。

我國歷史上，漢武西征，求取大宛的汗血寶馬，寫下《天馬歌》和《西極天馬歌》。「天馬出西極，神龍不能追。」（元程鉅夫《趙際可天馬圖》）這種「天馬」，眾所周知，正是土庫曼斯坦的馬。

中亞五國，舊屬沙俄和蘇聯，落於英國人的視野之外。馬的馴化在哈薩克斯坦，天馬出自土庫曼斯坦，一南一北，代表另一系統。研究馬的歷史，離不開這條主線。

中國的馬

中國的馬，北有蒙古馬（三河馬與牠有關），西有藏馬（河曲馬、大通馬與牠有關）、新疆

馬（包括哈薩克馬、焉耆馬、伊犁馬），南有川馬、滇馬類的西南小馬。這些馬，主要產於四大邊疆，東北、內蒙古、新疆、西藏，以及與它們鄰近的地區，大體相當學者所謂的「半月形文化傳播帶」。這是中國的「馬文化圈」。

中國的家馬，商代晚期才有，比中亞晚，馬車也是這一時期才出現。春秋盛行車戰，騎兵到戰國才流行。這給人一個印象，中國的馬輩分太淺。這個印象對不對？我說不對。

中國馬，論輩分，一點兒不晚，至少在公元前一千年以前，屬於第一次浪潮，比很多洋馬都早。阿拉伯馬、柏布馬是公元七世紀才大出其名。純血馬更是十七、十八世紀才有。

最近，趙超寫了本小書。他把史前到唐代，凡與馬有關的文物，從內蒙古、新疆的岩畫到漢唐墓室的壁畫，從眉縣駒尊到唐代三彩馬，洋洋大觀，搜羅在一起，極便參考。讀者有興趣，可以找來看。看一看，你就明白，中國的馬文化其實非常發達。

中國藝術中的馬，有漢馬，有胡馬。漢馬是蒙古馬，胡馬是中亞馬和波斯馬。

漢馬矮，畫面上的馬，往往短腿肥臀，突出的是一個肥字。胡馬不一樣，突出特點是瘦高，如四川出土的漢代陶馬或銅馬，脖子高挺，四腿修長，與身體不成比例，估計就是表現胡馬。唐代的三彩馬，頸高腿長腦袋小，大概也是胡馬，至少是引進胡馬加以改良的馬。當時的胡馬還有個特點，耳朵尖。杜甫詠胡馬，「胡馬大宛名，鋒棱瘦骨成。竹批雙耳峻，風入四蹄輕」（《房兵曹胡馬詩》）。胡馬的耳朵朝前撅，好像竹葉。

謝成俠說，中國馬，既有改良，也有退化，從出土發現看，後世的馬反而沒古代高。其實，正是因為有退化的問題在，才需要引胡馬來改良，歷史上不止一次。我在上面說，早在漢代，中國就引進過大宛馬。引進胡馬是為了改良。改良後的馬，不分胡漢，都是中國的馬。

我國的馬是遠東的馬，離西方最遠。西人講馬，中國馬最沒地位，論個頭，論長相，比速度，比耐力，哪樣都不行。但我說，中國的馬，即使本土的馬，照樣重要。

第一，馬從北美西傳，首先到遠東。

第二，四大野馬，普氏野馬僅存，就是發現於中國境內。

第三，匈奴、蒙古、突厥，他們的南下西侵是世界性的歷史事件，這些征服離不開中國馬。

我國的馬，來源不一，情況複雜，但資格最老、名氣最大而且出身本土的馬，毫無疑問是蒙古馬。蒙古馬不是蒙元才有的馬，而是蒙古草原的馬，最能代表東北亞的馬。

如果我們把圖錄中的馬當成一個系統，中亞馬當成另一個系統，那麼蒙古馬就是第三個系統。

這樣理解，並不誇大吧？

出土文物中的馬

1、西周盠駒尊【圖1】，陝西眉縣李村出土，有銘文，中國國家博物館藏。

2、春秋鎏金馬形飾件【圖2】，內蒙古寧城小黑石溝出土，內蒙古博物院藏。

3、秦代陶馬【圖3】，陝西秦始皇陵兵馬俑1號陪葬坑出土，秦始皇帝陵博物院藏。

4、西漢鎏金馬珂【圖4】，山東濟南市章丘區洛莊漢墓出土，濟南市考古研究所藏。

5、魏晉青銅馬【圖5-1】，甘肅武威擂台1號墓出土。這類青銅馬，馬頭上的裝飾與薩珊石刻【圖5-2】同。[6]

6、唐三彩馬【圖6】，陝西西安半坡村出土，西安博物院藏。此馬額頭有當盧，胸帶和鞦帶懸馬珂，當盧寬而馬珂窄。

附記：

此節是據舊作《說馬》改寫。該文收入拙作《萬變》，北京：生活·讀書·新知三聯書店，二〇一六年，389-401頁。

圖 1
西周盠駒尊
中國國家博物館藏

圖 2
春秋鎏金馬形飾件
內蒙古博物院藏

圖 3
秦代陶馬
秦始皇帝陵博物院藏

圖 4
西漢鎏金馬珂
濟南市考古研究所藏

圖 5-1
甘肅武威擂台 1 號墓出土的馬

圖 5-2
霍爾木茲二世《克敵圖》
納克什・魯斯塔姆

圖 6
唐三彩馬
西安博物院藏

附：古文獻中的馬珂

1、《西京雜記》卷二：「武帝時……長安始盛飾鞍馬，競加雕鏤。或一馬之飾直（值）百金，皆以南海白蜃為珂，紫金為華，以飾其上。」

2、《隋書．禮儀志五》：「馬珂，三品以上九子，四品七子，五品五子。」

3、《舊唐書．輿服志》：「馬珂，一品以下九子，四品七子，五品五子。」

4、《太平御覽》卷三五九：「服虔《通俗文》曰：勒飾曰珂。郭義恭《廣志》曰：期調國出金銀、白珠、流（琉）璃、水晶器、五色珠、馬珂。又曰：剽刃國出桐華布、珂、珠貝、艾香、雞舌香。傅玄《樂府豫章行》曰：輕裘綴孔翠，明珂耀珊瑚。張華《輕薄篇》曰：文軒樹羽蓋，乘馬珮玉珂。」

5、《曾鞏集》卷二：「金節橫光馬珂鬧，瑞鶻宮袍腰玉繞。」

6、《宋史．儀衛志》：「珂之制，銅面，雕翎鼻拂，攀胸，上綴銅杏葉、紅絲拂。又胸前及腹下，皆有攀，綴銅鈴；後有跋塵、錦包尾。獨鹵簿中金吾衛將軍導駕者，皆有之。」

7、《元史．輿服志》：「引天武官二人，執金鉞，金鳳翅兜牟，金鎖甲，青勒甲條，金環繡汗胯，金束帶，馬珂飾。」

8、《本草綱目》卷四六馬珂螺、珬條：「時珍曰：珂，馬勒飾也。此貝似之，故名。徐表作馬珂。《通典》云：老雕入海為珬。即珂也。」

註釋

1 《天水放馬灘秦簡》，85頁：簡36。
2 《睡虎地秦墓竹簡》，219-220頁：簡75背；《隨州孔家坡漢墓簡牘》，175頁：簡373。
3 《天水放馬灘秦簡》，98頁：簡224。
4 饒宗頤《雲夢秦簡日書研究》，收入《楚地出土文獻三種研究》，北京：中華書局，一九九三年，405-441頁。
5 郭郛等《中國古代動物學史》，北京：科學出版社，一九九九年。
6 林梅村《中國與近東文明的最初接觸——2012年伊朗考察記之五》，《紫禁城》二〇一二年十期，30-41頁。

羊年說羊

羊的文學形象，多半代表弱者。

有時代表獻祭的犧牲，聖潔無瑕；有時代表無辜的受害者，一聲不吭、任人宰割；有時代表迷失方向，任人擺佈，得跟領頭羊和牧人走。

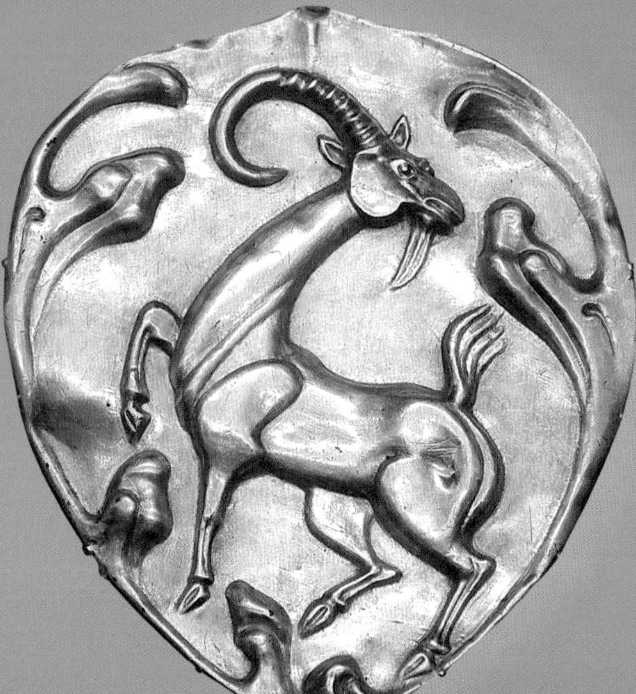

羊在十二生肖中的位置

十二生肖，今以未配羊，放馬灘秦簡《日書》甲種同。[1] 睡虎地秦簡《日書》甲種和孔家坡漢簡《日書》以未配馬，[2] 沒有羊。

三十六禽，羊配鷹、雁。鷹、雁高飛於天，與羊迥異。《五行大義》的解釋比較繞。[3] 放馬灘秦簡《日書》乙種講鐘律配獸，其中有羊，未見鷹、雁。[4]

羊是牛科動物

羊是牛科動物，偶蹄，反芻，跟牛和羚羊屬於一類。牛科動物的共同點是頭上長角，埋頭吃草。

牛科分牛亞科、羊亞科、羚羊亞科、高角羚亞科、狷羚亞科、麂羚亞科、馬羚亞科、葦羚亞科、短角羚亞科。這九個亞科，前三種，中國有，後六種是非洲動物，中國沒有。

（一）牛亞科

前已涉及，這裏不再重複。

（二）羊亞科

分野生、家養。下面五種是野生種。

1、盤羊（*Ovis ammon*），也叫大角羊，有螺旋形捲角，角尖朝前捲，主要分佈於中國的新疆、青海、甘肅、西藏、四川、內蒙古，以及蒙古國、俄羅斯、哈薩克斯坦、吉爾吉斯斯坦、塔吉克斯坦、烏茲別克斯坦、印度。

2、羱（音 yuán；粵音原）羊（*Capra ibex*），也叫北山羊，雙角高豎，並排朝後仰，主要分佈於中國的新疆、甘肅，以及蒙古國、俄羅斯、哈薩克斯坦、吉爾吉斯斯坦、塔吉克斯坦、烏茲別克斯坦、阿富汗、巴基斯坦、印度。

3、捻角山羊（*Capra falconeri*），體型高大，有麻花狀螺旋形大角，歷史上曾分佈於塔吉克斯坦、烏茲別克斯坦、土庫曼斯坦一帶，今只限於巴基斯坦、印度、尼泊爾、不丹一帶。

4、岩羊（*Pseudois nayaur*），體型像綿羊，角像山羊，長相介於盤羊和野山羊之間，主要分佈於中國的青藏高原、四川、雲南、內蒙古、新疆、陝西、甘肅、寧夏，以及尼泊爾和克什米爾地區。

5、羚牛（*Budorcas taxicolor*），長相既像羚羊又像牛，主要分佈於中國的秦嶺山區、四川、雲南，以及緬甸、印度、尼泊爾、不丹。

（三）羚羊亞科

都是野生種。

1、蒙古原羚（*Procapra gutturosa*），主要分佈於中國的內蒙古和鄰近地區，以及蒙古國和俄羅斯。過去數量很大，現在中國國內，僅見於內蒙古西部，是國家二級保護動物。

2、普氏原羚（*Procapra przewalskii*），因一八七五年俄國探險家普熱瓦爾斯基（Nikolay Przewalski）在鄂爾多斯地區發現而命名。過去主要分佈於中國的內蒙古、寧夏、甘肅、青海、西藏、新疆，現僅見於青海湖周邊，極度瀕危，是國家一級保護動物。

3、藏原羚（*Procapra picticaudata*），也叫西藏黃羊，主要分佈於中國的甘肅、新疆、西藏、青海、四川，以及印度，是國家二級保護動物。

4、藏羚羊（*Pantholops hodgsonii*），比上述三種大，主要分佈於青藏高原，是國家一級保護動物。

現在，保護藏羚羊，宣傳力度大，世人皆知，藏羚羊已突破三十萬隻。蒙古原羚，過去很多，現在不及藏羚羊。藏原羚，目前只有兩萬至三萬隻。普氏原羚，二〇一八年統計，只有二千七百九十三隻。

上述羚羊，前三種都叫黃羊。牠們與藏羚羊不同，都有白屁股（白色臀斑）。三年困難時期，我聽說，有些單位曾組織到內蒙古打黃羊，不知打的是哪一種。牧民說，黃羊破壞草場，太多了也不行，狼是控制其種群數量、保護草場的功臣。

中國的家羊

中國的家羊分兩種。

1、綿羊（*Ovis aries*）：據說源於四個野生種，一是歐洲的摩弗侖羊（*Ovis musimon*），[5] 二是西亞、中亞的東方羊（*Ovis orientalis*），三是中亞、東北亞的盤羊（*Ovis ammon*），四是北非的蠻羊（*Ovis orientalis vignei*）。野生綿羊的馴化始於約一萬一千年前。中國養羊史可上溯到八千年前。

2、山羊（*Capra aegagrus hircus*）：據說源於中亞的大角羊（*Capra aegagrus*）。或說，克什米爾、阿富汗和巴基斯坦山區的捻角山羊（*Capra falconeri*）和歐洲的野山羊（*Capra prisca*）也是山羊的祖先。野生山羊的馴化約始於八千年前。

古書中的羊

羊是象形字。《說文解字．羊部》：「羊，祥也。從𦍌，像頭角足尾之形。孔子曰：牛羊之字以形舉也。」

《爾雅．釋獸》：「羱（音 yuán；粵音原），如羊。」郭璞註：「羱羊似吳羊而大角，角橢，出西方。」《急就篇》有此字，顏師古註：「西方有野羊，大角，牡者曰羱，牝者曰羠（音 yí；粵音夷），並以時墮角，其羱羊角尤大，今人以為鞍橋。羠角差小，可以為刀子把。」此即上文羱羊。這是講野山羊。

《爾雅．釋畜》講羊，是以家養的綿羊和山羊為主。綿羊叫羊，公羊叫羒（音 fén；粵音分），母羊叫牂（音 zāng；粵音裝），都是白羊。山羊叫夏羊，有些是黑羊，公羊叫羭（音 yú；粵音余），母羊叫羖（音 gǔ；粵音古）。山羊有角，角不齊，一長一短叫觤（音 guǐ；粵音鬼），角曲裹拐彎叫羷（音 liǎn；粵音臉）。羷即上捻角山羊。黃腹羊叫羳（音 fán；粵音凡）羊。羳是黃羊。小羊叫羜（音 zhù；粵音柱），大羊六尺叫羬（音 qián；粵音鉗）。羷羊、羳羊不是家養。羳羊不是羊。

《說文解字．羊部》講羊，說法略同。[6] 但公羊叫羝，小羊叫羔，羜是「五月生羔也」。

羊的文學形象

羊的文學形象，多半代表弱者。有時代表獻祭的犧牲，聖潔無瑕；有時代表無辜的受害者，一聲不吭、任人宰割；有時代表迷失方向，任人擺佈，得跟領頭羊和牧人走。

《聖經》有「神的羔羊」，代表為神犧牲的耶穌；有「迷途的羔羊」，等待先知指路。

《伊索寓言》中的羊，倒是很聰明。狼吃羊，總要找藉口，設圈套，編織一套荒誕的合法性，想方設法把羊吃掉，羊總是拆穿牠的謊言與陰謀。《喜羊羊和灰太狼》就是沿用這個套路。

《動物農場》中的綿羊沒有名字，牠們的特點是唯唯諾諾，服服帖帖，沒有主見，隨大流，被人裹挾，動不動就狂呼口號，屬於無知群眾。山羊叫穆瑞爾，喜歡跟毛驢本傑明在一起。本傑明是個喜歡躲在一邊看熱鬧、說風涼話的傢伙。

《孫子兵法》有愚兵投險說。他說，出國作戰，士兵離家太近，心志無法專一，只有深入敵境，斷其後路，才會死心塌地聽將軍擺佈。當將軍的，甚麼都不要跟士兵多說，既不告他行軍路線，也不告他作戰意圖，好像登高去梯，「若驅群羊，驅而往，驅而來，莫知所之」。

社會管理者都以牧羊人自居，現在叫「領導」。這兩個字非常準確。

羊肉好吃

中國美食，西北貴羊，東南貴魚，二者皆鮮美之食。鮮字和美字都含有羊字。

中國，陝北、晉北挨着內蒙古高原，一向養羊。周人是陝西人，跟甘青的氐羌有不解之緣，也離不開養羊吃羊。

西周職官有膳夫，金文作「譱夫」，最初與做飯有關，就是個從羊的字。膳夫類的廚子有個頭兒，也就是廚師長，古人叫宰，《周禮》叫天官冢宰，也就是宰相的宰，除了天子，官最大。

古代干祿，做飯曾是敲門磚。如伊尹靠做飯成為商湯的執政大臣，就是後人的榜樣。雖然萬章拿這事請教孟子，問他「人有言伊尹以割烹要湯」，有這回事嗎？孟子說否，根本沒有這回事，人家伊尹是「以堯、舜之道要湯，未聞以割烹也」，但我相信，天下一定有這種跑官法。

歷史上，北京是個邊塞城市，北方民族從東北和內蒙古方向南下，要翻燕山，這裏是必爭之地。宋以後，遼、金、元、清都曾以北京為首都。北京跟大同、張家口、包頭、呼和浩特差不多，過去是個趕羊走駱駝的地方。一九五五至一九五七年，我在白米斜街上小學那陣兒，鼓樓大街一帶，這麼熱鬧的地方，門口居然臥着駱駝。我們吃的羊肉，都是從內蒙古、張家口趕活羊下來現宰。北京有很多做羊肉的館子。

我喜歡羊肉，北京烤肉季、烤肉宛有烤羊肉，白魁老號有燒羊肉，各種清真館子還有涮羊肉、爆肚、羊雜碎。陝西的羊肉泡、水盆羊肉，我也喜歡。

羊作為六畜之一，主要是用來吃。

雖然，有人不吃羊肉，嫌羊肉上火羊肉膻，但羊肉，全國各地都有人吃，東南西北都有人吃。

出土文物中的羊

1、商代四羊方尊【圖1】，湖南黃材鎮月山鋪轉耳侖山腰（現屬炭河里遺址）出土，中國國家博物館藏。四羊為綿羊。商周銅器中的饕餮紋經常以綿羊角為飾。

2、戰國盤羊形青銅車轅飾【圖2】，內蒙古準格爾旗玉隆太出土，鄂爾多斯青銅器博物館藏。

3、戰國盤羊形金帶扣【圖3】，內蒙古準格爾旗西溝畔出土，鄂爾多斯青銅器博物館藏。

4、戰國北山羊形青銅飾件【圖4】，鄂爾多斯青銅器博物館藏。

5、戰國北山羊形青銅竿頭飾【圖5】，鄂爾多斯青銅器博物館藏。

6、漢長安城武庫遺址出土玉飾件【圖6】，表現獨角山羊。

7、廣西西林普馱銅鼓墓出土銅馬珂【圖7】，表現獨角山羊。

8、海昏侯墓出土銀當盧【圖8】，表現獨角山羊。

9、蒙古國諾彥山蘇珠克圖20號墓出土匈奴銀馬珂【圖9】，表現獨角山羊。

圖 1
商代四羊方尊
中國國家博物館藏

圖 2
戰國盤羊形青銅車轅飾
鄂爾多斯青銅器博物館藏

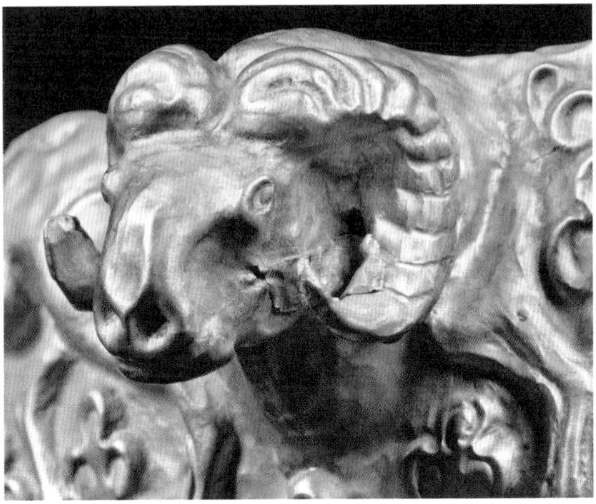

圖 3
戰國盤羊形金帶扣
鄂爾多斯青銅器博物館藏

圖 4
戰國北山羊形青銅飾件
鄂爾多斯青銅器博物館藏

圖 5
戰國北山羊形青銅竿頭飾
鄂爾多斯青銅器博物館藏

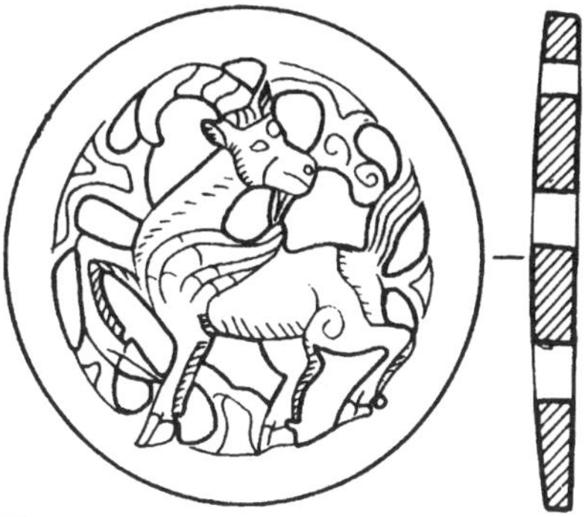

圖 6
漢長安城武庫遺址出土玉飾件

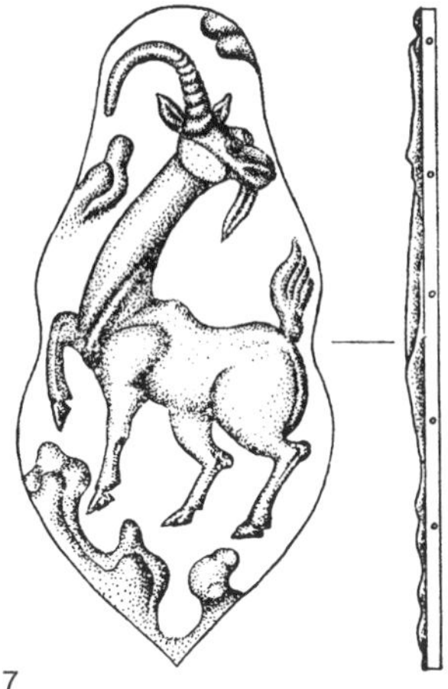

圖 7
廣西西林普馱銅鼓墓出土銅馬珂

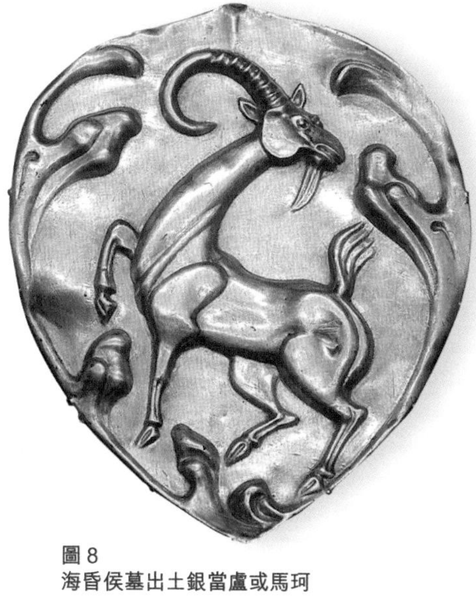

圖 8
海昏侯墓出土銀當盧或馬珂

圖 9
諾彥山蘇珠克圖 20 號墓出土
匈奴銀馬珂

註釋

1 《天水放馬灘秦簡》，85頁：簡37。

2 《睡虎地秦墓竹簡》，220頁：簡76背；《隨州孔家坡漢墓簡牘》，175頁：簡374。

3 《五行大義．論三十六禽》：「未為羊、鷹、雁者，《式經》云：未為小吉，主婚姻禮娉，禮娉有羊、雁之用。鄭玄《婚禮謁文》云：雁候陰陽，待時乃舉。《易》以為坤為羊，坤在未也。《禮記．月令》云：季夏之月，鷹初學習。此因候以配之。」

4 《天水放馬灘秦簡》，98頁：簡227。

5 英語叫 Mouflon。

6 今本《説文解字》有錯字，如「羒，牂羊也」，牂是牡之誤；「牂，牡羊也」，牡是牝之誤。

猴年說猴

人喜歡看猴耍猴，喜歡猴與人親近，一點不認生。猴與人套近乎，並非喜歡人，而是喜歡他們投餵的食物，不給就搶，一點不客氣。人耍猴，其實是猴耍人。

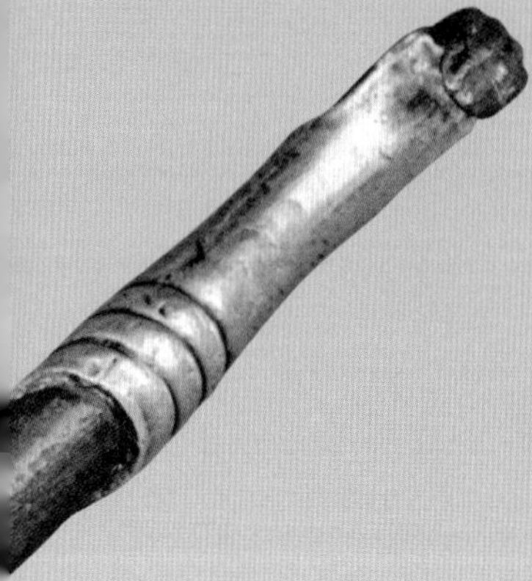

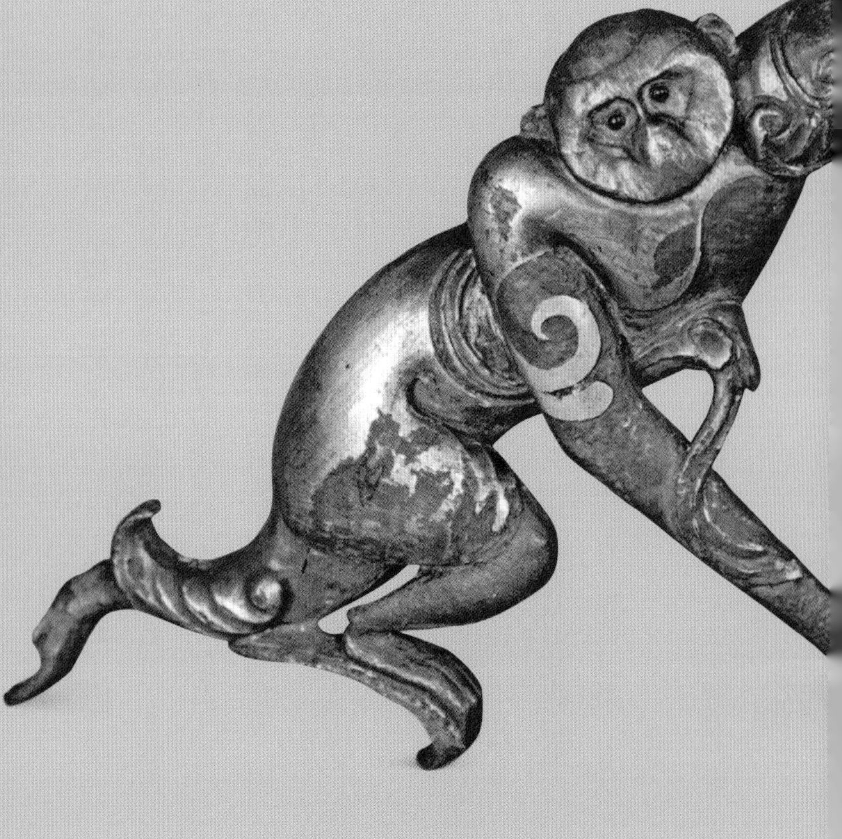

猴在十二生肖中的位置

十二生肖，今以申配猴。放馬灘秦簡《日書》甲種同（簡文作「㑨」，讀為猴）。[1] 睡虎地秦簡《日書》甲種作環，[2] 整理者認為，環讀猨。孔家坡漢簡《日書》作「玉石」。[3] 睡虎地秦簡甲種《日書·盜者》篇後另有一章作「申，石也」，[4] 與孔家坡漢簡《日書》類似。

三十六禽，以申位配猴、猿、狙，三者屬於同類。放馬灘秦簡《日書》甲種以鐘律配獸，其中有狟（照片看不清），[5] 或相當猿，未見猴、狙。

猴與猿

猿的棲息地，古今變化很大，不斷南移。這不光與氣候變化有關，也與人口增加、不斷擠壓動物的生存空間有關。人進猿退，猿從長江一線退到西雙版納、海南島，更多的猿躲在東南亞。牠們藏身於深山密林，故意躲着人，即使有人去了，也是空谷傳響，只聞其聲，難睹其形，有如遁跡山林的隱士。

猴不一樣，中國百分之六十的省（區）都有猴，如南太行的獼猴就很有名，《太平御覽》卷三八六引《尸子》就提到過「太行之獿（音 náo；粵音錨）」。今濟源五龍山景區，遊人如織，看的就是這種猴。

人喜歡看猴耍猴，喜歡猴與人親近，一點不認生。猴與人套近乎，並非喜歡人，而是喜歡他們投餵的食物，不給就搶，一點不客氣。人耍猴，其實是猴耍人。[6] 猴比猿更能放下身段，投入人類主宰的「主流世界」，牠們取代猿，乃情理中事。

猿與猴，皆屬靈長類，古人常連言。但猿、猴屬不同的進化分支。猿比猴高級，比猴更接近人，屬於人猿總科，猴屬猴科，差點兒勁。猿無尾，無頰囊，猴有之。

猿分長臂猿（*Hylobates*）、褐猿（*Pongo*，也叫紅毛猩猩）、黑猿（*Pan troglodytes*，也叫黑猩猩）和大猿（*Gorilla*，也叫大猩猩）。長臂猿是體型最小的猿。中國古代詩文提到的猿主要是長臂猿。長臂猿分很多種，古人以毛色分，只分黑猿、白猿兩大類。黑猿叫玄猿。

猴分獼猴（*Macaca mulatta*）和疣猴（*Colobus*）。獼猴是短尾猴，除普通獼猴，還包括狒狒、山魈。疣猴是長尾猴，葉猴、金絲猴屬於此類。

高羅佩《長臂猿考》

高羅佩（Robert Hans van Gulik，一九一〇至一九六七年），荷蘭漢學家，博學多才，研究興趣十分廣泛，特別是琴棋書畫和文人雅好。

他的最後一部著作是《長臂猿考》（一九六七年），近有中西書局譯本（施曄譯，二〇一五年）。此書對文獻記載和藝術作品中的中國「猿文化」做系統考察。

隱士是中國文人的人文幻想，猿啼是他們獻愁供恨發牢騷的文化符號。高羅佩把長臂猿稱為中國動物中的「君子」（Superior Man）。他把長臂猿當寵物養在家中，對長臂猿很有感情。原書後附有一個紙袋，插着他灌錄的猿啼唱片。

該書開頭有個總論，講長臂猿的生活習性。下分三部份，第一部份講遠古至漢代，側重釋名；第二部份講漢代至唐末，側重詩文；第三部份講宋、元、明，側重書畫。最後有個附錄，講日本的長臂猿。對於未曾與此類動物有過親密接觸的我們，此書很有幫助。

與猿、猴類動物有關的字

（一）長臂猿類

1、蝯（音 yuán；粵音原），同猨，亦作猿，即今長臂猿。《爾雅·釋獸》：「猱，蝯，善援。」《說文解字·虫部》：「蝯，善援，禺屬，從虫爰聲。」其名與猿舒長臂，善於攀緣有關。

2、獑猢（音 chán hú；粵音慚胡），亦作斬䶄。《說文解字·鼠部》：「斬䶄鼠，黑身，白腰若帶，手有長白毛，似握版之狀，類蝯、蜼之屬，從鼠胡聲。」疑即白掌長臂猿（*Hylobates lar*）。《初學記》卷二九引《毛詩草蟲經》（《太平御覽》卷九一〇引作《毛詩草木蟲魚疏》）謂獑猢是沐猴之老者，動作敏捷。

3、獨，猿王，猿群中的老大，說一不二，唯我獨尊。《本草綱目》卷五一下：「似猿而大，能食猿猴者，獨也。」「獨，似猿而大，其性獨，一鳴即止，能食猿猴。故諺曰：獨一鳴而猿散。獨夫蓋取諸此。」

（二）猩猩類

1、猩猩，亦作狌狌。亞洲猩猩只有紅毛猩猩（*Pongo pygmaeus*）。《禮記·曲禮上》：「鸚鵡能言，不離飛鳥。猩猩能言，不離禽獸。」《爾雅．釋獸》：「猩猩，小而好啼。」《說文解字．犬部》：「猩猩，犬吠聲，從犬星聲。」

2、狒狒，《爾雅．釋獸》：「狒狒，如人，被髮，迅走，食人。」郭郛說：「『狒狒』乃古人所謂的猩猩，不是今日存在於非洲的狒狒（*Papio hamadryas*）。」[7]

（三）獮猴類

1、夒（音 náo；粵音鐃），獮猴，亦作獿。商代甲骨文和西周金文都有這個字，字象猴子弓背蹲坐、抓耳撓腮，或以手抓食物往嘴裏送。《說文解字．夊部》：「夒，貪獸也。一曰母猴，似人。從頁。巳、止、夊，其手足。」母猴即沐猴，與性別無關。

2、獿（音 náo；粵音鐃），同夒。見《禮記．樂記》和《太平御覽》卷三八六引《尸子》。又假為優人、優伶、優孟之優。優人是演員，演員的特點是「似我非我，我看我，我也非我。裝誰像誰，誰裝誰，誰就像誰」。猴像人又不是人，即使戴上帽子，也不是人。韓生罵項羽「沐猴而冠」（《史記．項羽本紀》、《漢書．項籍傳》），沐猴即獮猴。今語「人模狗樣」似之，但狗並不像人。狗對人最好，人反而罵狗，超過罵猴。

3、猱（音 náo；粵音錨），同夒。古書常見猿猱。《爾雅．釋獸》：「猱，蝯，善援。」上述三字皆幽部字，夒是泥母幽部字；獿從憂，從憂得聲的字不是日母幽部字，就是影母幽部字；猱從柔，柔是日母幽部字。古音相近，可以通假。

4、猴，獼猴。《說文解字．犬部》：「猴，夒也。從犬矦聲。」李時珍說，猴與候望之義有關。《本草綱目》卷五十一下：「班固《白虎通》云：猴，候也。見人設食伏機，則憑高四望，善於候者也。」今動物片，老虎出沒，常有猴子在樹上尖叫，發出預警，此說聽上去好像很有道理，但作者所引班固《白虎通》，今本作「侯，候也」，並不作猴。猴字的來源還值得研究。

5、禺（音 yù；粵音如），獼猴。禺是疑母侯部字，即偶字所從，偶人是模仿人，猴是匣母侯部字，古音相近。《說文解字．由部》：「禺，母猴屬，頭似鬼。從由從禸。」《本草綱目》卷五一下：「猴好拭面如沐，故謂之沐，而後人訛沐為母，又訛母為獼，愈訛愈失矣。《說文》云為字象母猴之形，即沐猴也，非牝也。」[8]

6、蠗（音 zhuó；粵音昨），獼猴。《說文解字．虫部》：「蠗，禺屬，從蟲翟聲。」

7、玃（音 jué；粵音霍），獼猴之雄者、大者、王者。《爾雅》：「玃父，善顧。」郭璞註：「貑（音 jiā）玃也，似獼猴而大，色蒼黑，能攫持人，好顧眄。」《說文解字．犬部》：「玃，母猴也。從犬夒聲。」《博物志》卷三：「蜀山南高山上，有物如獼猴，長七尺，能人行，健走，名曰猴玃，一名〔馬〕化，或曰猳玃。同〈伺〉行道婦女有好者，輒盜之以去，人不得知。行者或每遇其旁，皆以長繩相引，然故不免。此得男女〈子〉氣，自死，故取〔女不取〕男也。取去為室家，其年少者終身不得還。十年之後，形皆類之，意亦迷惑，不復思歸。有子者輒俱送還其家，產子皆如人，有不食養者，其母輒死，故無不敢〈敢不〉養也。乃〈及〉長與人無異，皆以楊為姓，故今蜀中西界多謂楊率皆猳玃、〔馬〕化之子孫，時時相有玃爪者也。」《本草綱目》卷五一下襲其說。玃而稱父，顯然是公猴。《山海經．西山經》的「舉父」即玃父。

8、豦（音jù；粵音渠），獼猴。《爾雅．釋獸》：「豦，迅頭。」郭璞註：「今建平山中有豦，大如狗，似獼猴，黃黑色，多髯鬣，好奮迅其頭，能舉石擿（擲）人，玃類也。」「迅頭」是說腦袋不停轉動。

9、猶，獼猴，頭似麂（音jǐ；粵音己）。《爾雅．釋獸》：「猶，如麂，善登木。」《說文解字．犬部》：「猶，玃屬，從犬酋聲。一曰隴西謂犬子為猷。」以音度之，疑即獿。

10、狙，也是獼猴。《說文解字．犬部》：「狙，玃屬，從犬且聲。一曰狙，犬也，暫齧人者。一曰犬不齧人也。」《廣雅．釋獸》：「狙，獼猴也。」[9]狙善隱藏，東張西望。狙擊指埋伏起來，發動突襲。《史記．留侯世家》：「秦皇帝東遊，良與客狙擊秦皇帝博浪沙中，誤中副車。秦皇帝大怒，大索天下，求賊甚急，為張良故也。良乃更名姓，亡匿下邳。」今語狙擊指狙擊手用步槍伏擊。

（四）疣猴類

1、果然，亦作猓（音 guǒ；粵音果）然，黑葉猴（*Presbytis*），云出九真、日南，即今兩廣、越南。[10]

2、蜼（音 wèi；粵音唯），金絲猴（*Rhinopithecus*）。《爾雅．釋獸》：「卬（仰）鼻而長尾。時善乘領（嶺）。」《說文解字．虫部》：「蜼，如母猴，卬（仰）鼻長尾。從蟲隹聲。」特點是鼻孔朝上，尾巴特別長。鼻孔朝上，據說是為了對付缺氧環境。尾巴有多長？據說是身長的一點四倍。

3、狨（音 róng；粵音容），蜼之異名。《埤雅．釋獸》：「狨，蓋猿狖之屬，輕捷善緣木，大小類猿，長尾，尾作金色，今俗謂之金線狨者是也。」人類常獵取牠的皮毛。

4、狖，《爾雅》、《說文》無。楚辭漢賦經常提到「猿狖」，辭例類似「猿猱」。狖字，

《廣韻》作余救切，古音為喻母幽部字。我初以為，此字可能是猱字的另一種寫法，但《廣雅．釋獸》：「狖，蜼也。」王念孫《廣雅疏證》以為狖同蜼。我懷疑，狖與蜼是同義詞，而非同一詞。如果狖與蜼確為同類，則並非從穴得聲，[11]其所從穴可能是宂字（同冗）之誤，即上狨字的異體。宂是日母東部字，狨是日母冬部字，東、冬合韻，古音相近。

此外，《爾雅．釋獸》：「蒙頌，猱狀。」郭璞註：「即蒙貴也。狀如蜼而小，紫黑色，可畜，健捕鼠，勝於貓。九真、日南皆出之。猱亦獮猴之類。」郭郛說，蒙頌是紅臉獴（*Herpestes javanicus*），屬靈貓科，[12]與猿、猴無關。

《巴東三峽歌》

李白有一首詩，《下江陵》：

朝辭白帝彩雲間，千里江陵一日還。
兩岸猿聲啼不住，輕舟已過萬重山。

這詩很有名，可能受民歌影響。《水經注．江水二》引《巴東三峽歌》[13]：

自三峽七百里中，兩岸連山，略無闕處；重岩疊嶂，隱天蔽日，自非亭午夜分，不見曦月。至於夏水襄陵，沿溯阻絕。或王命急宣，有時朝發白帝，暮到江陵，其間千二百里，雖乘奔御風，不以疾也。春冬之時，則素湍綠潭，回清倒影。絕巘多生檉柏，懸泉瀑布，飛漱其間。清榮峻茂，良多趣味。每至晴初霜旦，林寒澗肅，常有高猿長嘯，屬引淒異。空谷傳響，哀轉久絕。故漁者歌曰：「巴東三峽巫峽長，猿鳴三聲淚沾裳！」

《巴東三峽歌》是民歌，原來可以唱，人在舟中，如在畫中，歌聲、猿鳴與兩岸山水融為一體。

猿啼三聲，其聲哀。元曲有句套話，「傷心不敢高聲哭，只恐猿聞也斷腸」。明徐渭《四聲猿》，「四聲猿」，三聲復添一聲，典出《巴東三峽歌》。

猿公的故事

李賀有詩，「見買若耶溪水劍，明朝歸去事猿公」。典出《吳越春秋·勾踐陰謀外傳》吳王范蠡問對：

范蠡對曰：「臣聞古之聖君，莫不習戰用兵，然行陣隊伍軍鼓之事，吉凶決在其工。今聞越有處女，出於南林，國人稱善。願王請之，立可見。」越王乃使使聘之，問以劍戟之術。處女將北見於王，道逢一翁，自稱曰袁公。問於處女：「吾聞子善劍，願一見之。」女曰：「妾不敢有所隱，惟公試之。」於是袁公即杖〈拔〉箖箊竹，竹枝上頡橋，未墮地，女即捷（接）末。袁公操其本而刺處女。女應即入之，三入，處女因舉杖擊袁公。袁公則飛上樹，變為白猿。遂別去。

二〇〇〇年，李安導演的《藏龍臥虎》上演，章子怡和周潤發在竹林梢頭飛來飛去，打得不亦樂乎，讓我想起這個故事。當時，我跟一個老外說，這兩人飛來飛去，全靠一根繩，太假太假，但對方不以為然，他說，No，No，當然要飛起來呀，太美太美。

猴子撈月

鏡花水月是佛教說法。古人有猿猱百臂相連，結成猿鏈，到水中撈月的傳說，高羅佩曾考之，認為猿在樹上，偶爾會連臂，但水中撈月，恐怕是想像。

有一年，徐冰為美國華盛頓的賽克勒美術館做了個「猴子撈月」的作品。這座美術館建在地下，電梯倒着開。他做的猴鏈是由各種文字的「猴」構成，從地面伸向地下。我去賽克勒美術館，正好撞見。

獼猴桃

獼猴桃（*Actinidia Chinensis*），顧名思義，是獼猴最愛吃的水果。《詩·檜風·隰有萇楚》的萇楚即此物。《爾雅·釋草》：「長楚，銚芅。」郭璞註：「今羊桃也，或曰鬼桃。」唐以來叫獼猴桃。

獼猴桃的原產地據說是湖北宜昌市夷陵區霧渡河鎮，而種植最多是陝西眉縣。

猴戲

前面說，見猴容易見猿難，猴很常見。

《禮記·樂記》說：

魏文侯問於子夏曰：「吾端冕而聽古樂，則惟恐臥；聽鄭衛之音，則不知倦。敢問古樂之如彼何也？新樂之如此何也？」子夏對曰：「今夫古樂，進旅退旅，和正以廣，弦匏笙簧，會守拊鼓，始奏以文，復亂以武，治亂以相，訊疾以雅。君子於是語，於是道古，修身及家，平均天下。此古樂之發也。今夫新樂，進俯退俯，奸聲以濫，溺而不止，及優侏儒，獶雜子女，不知父子。樂終不可以語，不可以道古。此新樂之發也。今君之所問者樂也，所好者音也。夫樂者，與音相近而不同。」

鄭玄註：「獶，獼猴也。言舞者如獼猴戲也。」可見猴戲很古老。

猴戲，俗稱耍猴。二十世紀五十年代，什剎海岸邊有耍猴、打槍、套圈各種遊戲。我們小學在白米斜街，張之洞的花園，後牆外是什剎海南岸，我扒着牆頭，經常看。那時，我們住校，中午必須午睡。我記得，有一天中午，睡不着，門「呀」的一聲開了，進來的不是人，竟是一隻猴，脖子上拴着鐵鏈，「唰」的一聲往床上躥，大家呼啦啦往外跑，有個膽大的孩子，想去抓牠，根本不是對手，馬上被抓得左一道、右一道。牠從前院鬧到後院，誰也奈何不了。幸虧伙房的大師傅出來，一手拿棍，一手拿吃喝，一邊扔食物，一邊往出趕，好不容易才把牠請走。

想起這隻猴，我就想起孫悟空。

孫悟空是中國的自由神

孫悟空姓孫，是取胡孫之義。胡孫即猢猻，亦作猴猻。猴猻見六朝佛典，猢猻見唐代古書。漢王延壽有《王孫賦》，唐柳宗元有《憎王孫文》。所謂王孫指獮猴。獮猴也叫母猴、沐猴。「沐猴而冠」是罵人話，罵對方，看着像人，其實不是人。柳宗元以猿比君子，王孫比小人。王孫為甚麼會改成猴猻或猢猻？或說，猢猻即猴猻之變，猻乃梵語、蒙古語、滿語表示獸類的詞尾sun[14]。

小時候，看《西遊記》，我總覺得，孫悟空大鬧天宮是全書最爽的部份，自從被如來佛鎮壓，一巴掌壓在五行山下，就沒勁了。後面的故事，觀音菩薩招安，讓孫悟空護送唐僧到西天取經，歷九九八十一難，翻茅倒糞，故事雷同。孫悟空本事那麼大，幹嗎非得言聽計從由一個是非不分的窩囊廢擺佈，我想不通。

孫悟空，當然不是君子。作者一開始就講了，他是下界妖猴，和各種妖怪本為一路。招安後的故事，不過是用妖怪打妖怪，猶如宋江打方臘。

美國是「燈塔國」，紐約的自由神，高舉火炬，歡迎四面八方的人「投奔自由」。過去方成有幅漫畫，在美術館展出，把她畫成眼含淚水，湊近看，眼眶裏是兩個警察，淚水是警察手裏的大棒，我看過原作。

大鬧天宮的孫悟空是中國的自由神。中國歷史，造反是保留節目，反覆上演。中國歷代的造反者，身上都有這種精神，「捨得一身剮，敢把皇帝拉下馬」。

中國、印度都有猴。孫悟空的原型是甚麼？或說無支祁（本土說），或說哈努曼（外來說），有各種猜測。[15]

我有一個觀點，歷史注定會被簡化，美化，醜化，變成文學。然而，有趣的是，當文學形象牢牢扎根於我們的頭腦，我們又想對文學刨根問底，把文學還原成歷史，是謂索隱派。

有人說，連雲港是孫悟空故里，花果山就在連雲港。也有人考證，孫悟空是甘肅人，護送唐僧去西天取經，路線很熟。

馬猴和馬流

孫悟空是《西遊記》的中心人物。他是猴王，書中自然少不了猴。

《西遊記》第一回提到「美猴王領一群猿猴、獼猴、馬猴等，分派了君臣佐使」；第三回提到四個老猴，兩個是赤尻馬猴，兩個是通背猿猴，「猴王將那四個老猴封為健將，將兩個赤尻馬猴喚做馬流二元帥，兩個通背猿猴喚做崩芭二將軍」；第十五回提到「我把你這個大膽的馬流，村愚的赤尻」，則是觀音菩薩罵孫悟空；第五十八回把猴分為四種，「第一是靈明石猴」，「第二是赤尻馬猴」，「第三是通背猿猴」，「第四是六耳獼猴」。

《西遊記》中的猴，說是四類，其實是兩類。孫悟空是石猴，同時是馬流或馬猴。馬流或馬猴是指獼猴，[16] 崩芭則是猿猴，並非於猿猴、獼猴之外另有兩類。

十二生肖的猴，蒙古語作 bečin 或 mečin，滿語作 manio，突厥語作 kəling。馬流即滿語 manio，《露書．風篇》以苦力擨稱夜猴，脈乞稱猴。苦力擨即 kəling，脈乞即 mečin。[17] 這類與猴有關的詞彙，估計是遼、金、元、清時期從北方傳入。它們流行漢地不會太早，主要是宋以來，特別是明清時期。崩芭則可能與南方即猿猴分佈區的語言有關。

猴與馬

猴與馬有不解之緣。如猴戲中的猴騎羊是模仿人騎馬。《鄴中記》：「又衣伎兒作獼猴之形走馬上，或在脅，或在馬頭，或在馬尾，馬走如故，名為猿騎。」有時還有人扮猴騎馬表演。

《齊民要術》卷六：「《術》曰：常繫獼猴於馬坊，令馬不畏、辟（避）惡、消百病也。」

《雲麓漫鈔》卷五：「北人諺語曰胡孫（猢猻）為馬流。」

《本草綱目》卷五一下：「養馬者廄中畜之，能辟（避）馬病，胡俗稱馬留云。《梵書》謂之摩斯咤。」

《五雜俎》卷九：「京師人有置狙於馬廄者，狙乘間輒跳上馬背，揪鬣搦項，嬲之不已，馬無如之何。一日，復然，馬乃奮迅斷轡，載狙而行，狙意猶洋洋自得也；行過屋桁下，馬忽奮身躍起，狙觸於桁，首碎而僕。觀者甚異之。余又見一馬疾走，犬隨而吠之不置，常隔十步許。馬故緩行，伺其近也，一蹄而斃。靈蟲之智固不下於人矣。」

馬留即馬流，是滿語十二生肖的獼猴（manio），源自女真語。18

摩斯咤是梵語的獼猴（markata）。

獼猴的拉丁學名叫 *Macaca*，英語作 macaque，與梵語接近。英語 monkey 是猴類的泛稱（不包括狐猴），*Macaca* 只是猴類中的短尾猴。

漢語，母猴、沐猴、獼猴、馬猴，其第一字的發音也是以 m 開頭。

孫悟空，自稱美猴王，上天受封，第一個官銜是弼馬溫，看管天上的御馬監。弼馬溫即避馬瘟。

俗話說，猴年馬月。此語與十二生肖有關。

北京的毛猴

小時候，逛人民市場、東安市場，北京的傳統工藝品有一種玩意兒，叫毛猴。所謂毛猴也叫季鳥猴，也就是蟬蜕。這東西本來是藥店裏的一味藥，據説有個藥店夥計，心靈手巧，把它做成小猴，像他的老闆，於是有了這門手藝。

這些小猴，有下棋的，打球的，拉洋車的，抬轎子的，吹吹打打，各種場面都有，非常好玩。

出土文物中的猿與猴

1、二里頭骨猴【圖1】，河南偃師二里頭遺址2002VM6出土，中國社會科學院考古研究所藏。

2、戰國猴形鎏金銀帶鈎【圖2】，山東曲阜魯故城遺址M3出土，山東博物館藏。

3、戰國猴形銅帶鈎【圖3】，河南湯陰五里崗墓群出土，河南省文物考古研究所發掘。

4、西漢猴形帳鈎【圖4】，滿城漢墓出土，河北博物院藏。

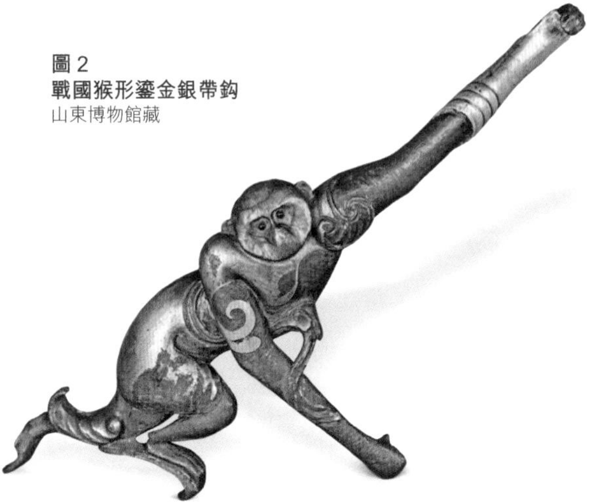

圖 2
戰國猴形鎏金銀帶鈎
山東博物館藏

圖 1
二里頭骨猴

圖 3
戰國猴形銅帶鈎，
河南湯陰五里崗墓群出土。

圖 4
西漢猴形帳鈎
河北博物院藏

圖 5
子彈庫楚帛書：狙

圖 6
甘肅武威漢墓出土木猴
中國國家博物館藏

圖 7-1
新疆昌吉出土黃銅馬上猴
昌吉博物館藏

圖 7-2
新疆昌吉出土黃銅馬上猴
昌吉博物館藏

圖 8
玉猴
艾爾米塔什博物館藏

5、子彈庫楚帛書【圖5】，一九四二年湖南長沙子彈庫出土有十二月神。帛書四周有十二月神，其中司夏之神，形象為一隻猴子，旁題「虘司夏」，李學勤指出，帛書十二神與《爾雅·釋天》十二月名合，六月為且。[19] 虘和且都應讀為狙。

6、武威木猴【圖6】，甘肅武威磨嘴子漢墓出土，中國國家博物館藏。

7、黃銅馬上猴【圖7】，新疆昌吉地區出土。這種飾件多發現於北方草原。邢義田結合內地發現，認為可以早到漢代，林梅村認為屬於唐代。[20]

8、玉猴【圖8】，新疆和田約特干遺址出土，年代不詳，艾爾米塔什博物館藏。

註釋

1 《天水放馬灘秦簡》，85頁：簡38。
2 《睡虎地秦墓竹簡》，220頁：簡77背。
3 《隨州孔家坡漢墓簡牘》，175頁：簡375。
4 《睡虎地秦墓竹簡》，221頁：簡91背壹。
5 《天水放馬灘秦簡》，99頁：簡237。
6 《蘇軾文集》卷一〇三《高麗》：「昨日見泗倅陳敦固道言：『胡孫作人狀，折旋俯仰中度，細觀之，其相侮慢也甚矣。人言弄胡孫，不知為胡孫所弄！』其言頗有理，故為記之。」

7 郭郛等《中國古代動物學史》，北京：科學出版社，一九九九年，105頁。

8 從古文字材料看，為象母猴說並不可靠。

9 《莊子·齊物論》有個故事：「狙公賦芧，曰：『朝三而暮四。』眾狙皆怒。曰：『然則朝四而暮三。』眾狙皆悅。」

10 見《藝文類聚》卷九五引《吳錄地理志》《南方草物狀》《南州異物志》、魏鍾毓《果然賦》、梁張纘《謝皇太子賚果然褥啓》，《太平御覽》卷九一〇引《山海經》《蜀地志》《南中八郡志》《南方草物狀》《南州異物志》、魏鍾毓《果然賦》。

11 狖字，《廣韻》作余救切，乃喻母幽部字。古書從穴之字，或為喻母質部字（如欥），或為喻母幽部字（如狖和此字）。《漢語大字典》第二版（四川辭書出版社，二〇一八年），狖、貁音yòu，音yù。

12 郭郛等《中國古代動物學史》，103頁。

13 據《藝文類聚》卷七、《太平御覽》卷五三，這段引文出自盛弘之《荊州記》。據《藝文類聚》卷七，《太平御覽》卷五七二、九一〇，《巴東三峽歌》也見於袁崧《宜都山川記》。

14 董志翹《漢文佛典中「猴猻」之「猻」的語源》，收入《佛教文獻與文學國際學術研討會論文》，成都，二〇一八年十一月。

15 無支祁說，見魯迅《中國小說史略》，收入《魯迅全集》，北京：人民出版社，二〇〇五年，第九卷，88-89頁，吳曉鈴支持此說。哈努曼說，見胡適《〈西遊記〉考證》，收入《胡適文存》北京：華文出版社，二〇一三年，第二卷，421-448頁，陳寅恪、鄭振鐸支持此說。

16 《清稗類鈔》動物類：「玃父，產蜀中，俗謂之馬猴，狀似獮猴而大，毛色蒼黑，長七尺，人行，健走，相傳遇婦女必攫去，故名。」是以馬猴附會古書上的玃父。《紅樓夢》第二十八回寫飲酒行令，薛蟠的酒令是「女兒愁，繡房躥出個大馬猴」，當與這類傳說有關。

17 呼斯樂《蒙古語「猴」詞源考》，《民俗研究》二〇一七年一期，110-115頁；《「馬流」詞源考》，《內蒙古民族大學學報》（社會科學版）二〇一九年三期，64-67頁。明末姚旅《露書·風篇》以苦力搿稱夜猴，脈乞稱猴。苦力搿即keling，脈乞即mečin。黑龍江省樺川縣有個馬庫力山，馬庫力山就是猴山，當地也叫馬猴山。

18 呼斯樂《「馬流」詞源考》。

19 李學勤《補論戰國題名概述的一些問題》，《文物》一九六〇年七期，67-68頁。

20 邢義田《「猴與馬」造型母題——一個草原與中原藝術交流的古代見證》，收入氏著《畫為心生——畫像石、畫像磚與壁畫》，北京：中華書局，二〇一一年，514-544頁。林梅村《昌吉古代文明的變遷》《昌吉地區發現的小銅馬》，新疆昌吉回族自治州文物局編《絲綢之路天山廊道：新疆昌吉古代遺址與館藏文物精品》，北京：文物出版社，二〇一四年，上冊，14-49頁；下冊，410-413頁。

鷄

雞年說雞

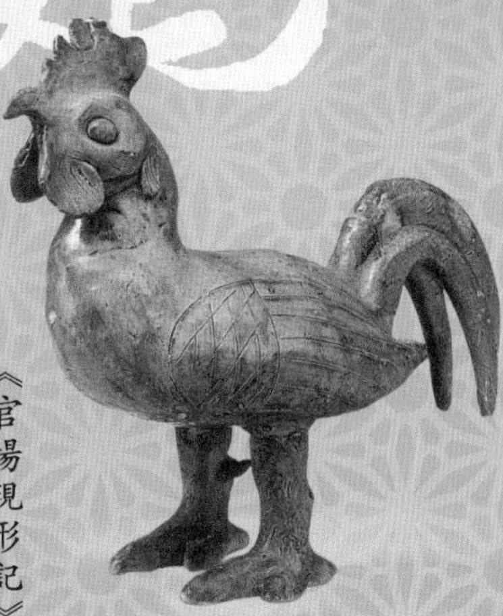

《官場現形記》第五十三回：「俗語說得好，叫做『殺雞駭猴』，拿雞子宰了，那猴兒自然害怕。」

十二生肖，猴和雞正好挨着。

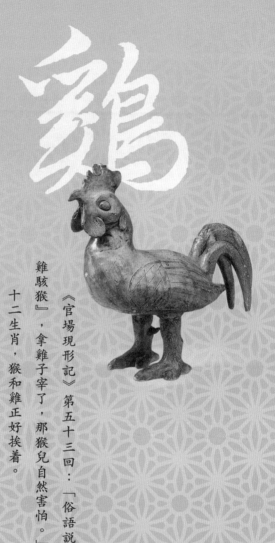

雞在十二生肖中的位置

十二生肖，今以雞配酉，放馬灘秦簡《日書》甲種同。[1] 睡虎地秦簡《日書》甲種以水配申，整理者讀「雉」。[2] 孔家坡漢簡《日書》「水」作「水日」，整理者說，水亦讀「雉」。[3] 水是書母微部字，雉是定母脂部字，聲韻不同，是否為通假字，值得懷疑。酉配「水日」，或與戌配「老火」對應，不一定就是雉。

三十六禽，除了雞，還有雉、烏。三者皆屬羽蟲，雉、雞關係尤近。放馬灘秦簡《日書》乙種講鐘律配獸，既有雞，[4] 也有雉。[5]

雞與雉

《說文解字．羽部》的羽字是「鳥長毛也」，部中之字多與鳥羽的顏色、長短有關，如翰是「天雞赤羽也」，翟是「山雉長尾者」，翡是「赤羽雀也」，翠是「青羽雀也」。

羽蟲也叫禽，又分屬《說文解字．隹（音zhuī；粵音追）部》和《說文解字．鳥部》。

許慎說，隹是「鳥之短尾總名也」，鳥是「長尾禽總名也」。似乎隹、鳥之別只在尾巴長短，但商代甲骨文，鳥字突出其喙，隹字則否，區別主要在喙，不在尾。

許慎把雉、雞二字收在《說文解字．隹部》，雞，籀文作「鷄」，既可從隹，也可從鳥。現實世界，雞是短尾，雉反而是長尾。

雉科（*Phasianidae*）是鳥類動物雞形目下面的一個科。雉科下分雉、眼斑雉、孔雀、鶉四族。眼斑雉族和孔雀族比較接近，都是長尾大鳥，羽毛華麗，特別是孔雀開屏，鳥類選美肯定排第一。雉族的原雞、錦雞、野雞，體型中等，有些也很漂亮。鶉族的鵪鶉、鷓鴣，體型小，最不起眼。這類動物都不太會飛，要飛也只能飛一小段，主要在地上走，屬於陸行的鳥類。

雉科動物包括很多種，雞是從雉科雉族原雞屬的紅原雞（*Gallus gallus*）馴化。

雉分十四種

雉是野雞。古書中與野雞有關的字見於《爾雅．釋鳥》和《說文解字．隹部》。

《爾雅．釋鳥》：「鸕，諸雉；鷺，春鉏（音 chū；粵音鋤）；鷂雉；鷮（音 jiāo；粵音嬌）雉；鳪（音 bǔ；粵音卜）雉；鷩（音 bì；粵音敝）雉；秩秩（音 yìyì），海雉；鸐（音 dí；粵音狄），山雉；韓（音 hàn；粵音汗）雉；鵫（音 zhuó；粵音驟）雉；雉絕有力，奮；伊洛而南，素質五彩皆備成章曰翬（音 huī；粵音輝）；江淮而南，青質五彩皆備成章曰鷂；南方曰𠎤（音 chóu；粵音籌）；東方曰鶅（音 zī；粵音知）；北方曰鵗（音 xī；粵音希）；西方曰鷷（音 zūn；粵音樽）。」

《說文解字·隹部》：「雉，有十四種：盧，諸雉；喬雉；鳪雉；鷩雉；秩秩，海雉；翟，山雉；翰雉；卓雉；伊洛而南曰翬；江淮而南曰搖；南方曰𠎤；東方曰甾；北方曰稀；西方曰蹲，從隹矢聲。𨾔，古文雉從弟。」

後書抄前書，文字略有出入。許慎說的十四種雉，不包括「鷺，舂鉏」，鷂雉與下文搖合併，去「雉絕有力，奮」不數，鷮雉作喬雉，鸐作翟，鶾雉作翰雉，鷂作搖。

《爾雅·釋鳥》的頭兩種，如果僅從字面含義理解，我們很容易認為，鸕即《說文解字·鳥部》的鸕和鷺。《說文解字·鳥部》的鸕是鸕鷀，鸕鷀即魚鷹。魚鷹是黑色，鷺是白鷺，顏色相反。但此後面有雉字，恐怕並不是鸕鷀。這三個字，如何斷句是問題，一種可能作一句讀，一種可能作「鸕，諸雉」，通常採用後一種斷句。郭璞註：「未詳，或云即今雉。」看來他也不知道這是甚麼鳥，只是含糊其辭，說有人講了，反正是現在的某種雉。白鷺為甚麼放在雉中講，他沒說。

上述二書的雉主要是八種，後面六種只是地方種。

據動物學家考證，牠們主要屬於雉科的鷳（音 xián；粵音閑）屬、雉屬和錦雞屬。[6]

表一：十四種雉

諸雉（鷸）： 黑鷴（*Lophura leucomelanos*）	鶾雉：雌鷴（*Lophura*）
鷮雉：長尾雉（*Syrmaticus*）	翬雉：伊洛以南的雉 素質五彩皆備成章
鳪雉：雌雉（*Phasianus*）	鷂雉：江淮以南的雉 青質五彩皆備成章
鷩雉：紅腹錦雞（*Chrysolophus pictus*）	𠌾雉：南方的雉
海雉（秩秩）：藍鷴（*Lophura swinhoii*）	鶅雉：東方的雉
山雉（鸐）： 白冠長尾雉（*Phasianus reevesii*）	鵗雉：北方的雉
雗雉（或翰雉）： 白鷴（*Lophura nycthemera*）	鷷雉：西方的雉

紅腹錦雞很漂亮，令人想起鳳凰。

雞為知時畜

雞和雉同屬雉類，但形象不同。雞有冠，短尾；雉無冠，長尾。野雞有野雞的叫聲，家雞有家雞的叫聲，叫聲也不一樣。

家雞，公雞會打鳴，母雞會下蛋，古人認為，這是老天的安排。「牝雞司晨」，典出《書．牧誓》。武王伐紂，有個藉口。他說：「古人有言曰：『牝雞無晨。牝雞之晨，惟家之索。』今商王受，惟婦言是用。」牝雞司晨，常被用來罵婦女，罵她們不守本份。

《爾雅》講鳥類，野生類見《釋鳥》，家禽類見《釋畜》。

《爾雅．釋鳥》提到一種天雞，「鶾（音 hàn，同雗、翰），天雞。」郭璞註：「鶾雞，赤羽。《逸周書》曰：『文翰，若彩雞，成王時蜀人獻之。』」動物學家說，這種赤羽或彩羽的野雞可能是一種錦雞（*Chrysolophus*）。[7]《易．中孚》：「翰音登於天。」《禮記．曲禮下》：「雞曰翰音。」雞的叫聲特別響亮，特別悠長。[8] 東周鐘銘常用「中（終）翰且揚」形容鐘聲。野雞比家雞漂亮，沒問題，但是不是比家雞更能叫，好像不是。

《爾雅．釋畜》講雞：「雞，大者蜀。蜀子，雓（音 yú；粵音余）。未成雞，僆（音 lián；粵音連）。絕有力，奮。」這是講家雞。大雞叫蜀，疑讀獨，與大猿叫獨同。蜀雞，也叫魯雞，不是成王時蜀人獻的雞，而是山東的雞，個頭比較大。這種大雞產下的雛雞叫雓，沒有長成叫僆，其中強有力者叫奮，就像雉絕有力者也叫奮。另外，《釋畜》講六畜之大者，有「雞三尺為鶤（音 yùn；粵音軍）」說。鶤即鵾（音 kūn）雞。鵾雞是一種用來鬥雞的大雞。

許慎也提到這幾種雞。

《説文解字．羽部》：「翰，天雞，赤羽也，從羽倝聲。《逸周書》曰：『大〈文〉翰若翬雉。』一名鷐風，周成王時，蜀人獻之。」引文見《逸周書．王會》，作「蜀人以文翰，文翰者，若皋雞。」前人認為，許慎的引文並不準確，鷐風是鳳，與天雞無關。

《説文解字．隹部》：「雞，知時畜也。從隹奚聲。鷄，籀文雞從鳥。」

《説文解字．鳥部》：「鶤，鶤雞也。從鳥軍聲，讀若運。」

一唱雄雞天下白

《詩．鄭風．風雨》：「風雨如晦，雞鳴不已。既見君子，云胡不喜。」徐悲鴻有一幅畫就是圖解這首詩，詩意是盼望天亮。

天亮了，人們會打開門窗，迎接新的一天。據説，雞與門戶有關。

《風俗通義》卷八：

俗説：雞鳴將旦，為人起居。門亦昏閉晨開，扞難守固。禮貴報功，故門戶用雞也。

《青史子書》說：「雞者，東方之牲也。歲終更始，辨秩東作，萬物觸戶而出，故以雞祀祭也。」

太史丞鄧平說：「臘者，所以迎刑送德也。大寒至，常恐陰勝，故以戌日臘。戌者，溫氣也，用其氣日殺雞以謝刑德。雄著門，雌著戶，以和陰陽，調寒配水，節風雨也。」

李賀有詩，「雄雞一聲天下白」（《致酒行》）。

毛澤東有詞，「一唱雄雞天下白」（《浣溪沙·和柳亞子先生》）。

雄雞是報時鳥。

雞與鳳

鳳是四靈之一，屬於瑞獸。瑞獸是想像的動物。想像的動物是用各種動物拼湊，原型是甚麼？《爾雅·釋鳥》：「鶠，鳳。其雌皇（凰）。」鳥，雌雄差異大，雄鳥通常冠羽華麗，雌鳥遜色很多。古之所謂鳳凰，也是如此。商代甲骨文，只有鳳，沒有凰，但《詩·大雅·卷阿》有「鳳凰於飛」。

《說文解字．鳥部》有四種神鳥。

一是鳳凰，雄曰鳳，雌曰凰。許慎說：「鳳，神鳥也。天老曰：『鳳之象也，鴻前麐（麟）後，蛇頸魚尾，鸛顙鴛思（腮），龍文虎背，燕頷雞喙，五色備舉，出於東方君子之國，翱翔四海之外，過昆侖，飲砥柱，濯羽弱水，莫（暮）宿風〈丹〉穴，見則天下大安寧。』從鳥凡聲。，古文鳳，象形。鳳飛，群鳥從以萬數，故以為朋黨字。，亦古文鳳。」[9]又下文「鶠，鳥也。其雌皇（凰）。從鳥匽聲，一曰鳳皇（凰）也。」與《爾雅》略同。

二是鸞鳥。許慎說：「鸞，亦神靈之精也。赤色五采（彩），雞形，鳴中五音，頌聲作則至，從鳥䜌聲，周成王時氏羌獻鸞鳥。」鸞鳥也叫鸞鳳。

三是鸑鷟（音 yuè zhuó；粵音岳鑿），即鳳鳴岐山的鳳凰。許慎說：「鸑鷟，鳳屬，神鳥也。從鳥獄聲。《春秋國語》曰：周之興也，鸑鷟鳴於岐山。江中有鸑鷟，似鳧而大，赤目。」「鷟，鸑也。從鳥族聲。」「江中有鸑鷟，似鳧而大，赤目」，是另一種鳥。

四是鷫鷞（音 sù shuāng；粵音肅相），為西方神鳥，與鳳凰類似。許慎說：「鷫，鷞也。五方神鳥也。東方發明，南方焦明，西方鷫鷞，北方幽昌，中央鳳皇。從鳥肅聲。，司馬相如說從叜聲。」「鷞，鷫也。從鳥霜聲。」

郭郛說：「鳳凰，極樂鳥科（*Paradisaeidae*）中種類，有時以雉類（*Phasianus*）為原型的神話中鳥。」[10]

極樂鳥，也叫天堂鳥，羽毛非常華麗。但這種鳥主要分佈於新畿內亞和澳大利亞一帶的小島上，離中國太遠。鳳凰不可能是這種鳥。

《淮南子．覽冥》：「過歸雁於碣石，軼鶤雞於姑余。」高誘註：「鶤雞，鳳皇之別名。」《太平御覽》卷九一五：「徐整《正曆》曰：黃帝之時，以鳳為雞。」上文許慎也說，鸞鳥是「赤色五采（彩），雞形」。

我認為，鳳凰的原型恐怕是雉科動物。雉科動物包括孔雀、野雞、原雞、家雞，鳳凰首先是這類動物的綜合。

西方藝術崇尚力量，鷹隼、獅子、公牛最重要。鳳凰，千變萬化，始終以音聲和美、文彩華麗為象徵，與鷹隼類的猛禽完全不一樣。

鳳是候風鳥

中國古代數術有所謂風角、鳥情。風角是以風向變換和風力大小斷吉凶，鳥情是以鳥的行為表現斷吉凶，兩者是結合在一起。

風角之術與古人對四方風的觀測有關，可以向上追溯到商代的甲骨文。術家所謂八風是四方風的進一步細分。

鳥情之術也很古老，如《書．高宗肜日》提到野雞飛到鼎耳上叫，[11] 當時以為不祥，就是目前所見年代最早的鳥情占。《左傳》莊公二十八年、僖公十六年、襄公十八年也提到這類占卜。

商代甲骨文，通常當風字用。後世鳳、風分化，鳳字從鳥凡聲，風字從蟲凡聲，才變成兩個字。

古代曆法與分至啟閉的確定有關，分至啟閉的確定應與風角鳥情有關。《左傳》昭公十七年講少皞氏以鳥名官，郯子說：「我高祖少皞，摯之立也，鳳鳥適至，故紀於鳥，為鳥師而鳥名。鳳鳥氏，曆正也；玄鳥氏，司分者也；伯趙氏，司至者也；青鳥氏，司啟者也；丹鳥氏，司閉者也。祝鳩氏，司徒也；鴡鳩氏，司馬也；鳲鳩氏，司空也；爽鳩氏，司寇也；鶻鳩氏，司事也。五鳩，鳩民者也。五雉，為五工正，利器用、正度量，夷民者也。」原文講得很清楚，鳳鳥氏是

管曆法，曆法是靠鳥情。

《易傳．說卦》以動物配卦，巽卦所配為雞。《漢書．五行傳上》：「於《易》，『巽』為雞，雞有冠距文武之貌。」巽卦代表風。

世界各國常於屋頂樹風向標，以雞、鳥為飾。中國古代建築，也有類似習俗。如漢魏宮闕常以金鳳、銅雀為候風設備。[12] 今山西渾源圓覺寺塔，塔頂有可以轉動的鳳凰，就是做風向標用。[13]

《楚辭．懷沙》：「鳳皇在笯（音nú；粵音奴）兮，雞雉翔舞。」意思是說，鳳凰關在鳥籠裏，任憑雞、雉飛舞。今語云「鳳凰落架不如雞」，鳳凰是神鳥，雞、雉沒法比，但鳳凰的想像跟雞、雉還確實有關。

殺雞給猴看

《官場現形記》第五十三回：「俗語說得好，叫做『殺雞駭猴』，拿雞子宰了，那猴兒自然害怕。」

十二生肖，猴和雞正好挨着。

出土文物中的雞

商周銅器不乏鳥紋，有些尖喙，有些鈎喙，往往誇張其冠尾，很難判斷是現實中的哪種鳥。這些鳥紋，不太像雉科動物。雉科動物，只有雞，偶爾發現，如四川三星堆2號坑出土過一件商代雄雞飾件【圖1】。此器原來可能裝在某種家具上。

雞，漢代常見，有公有母，與現實的雞很像。如滿城漢墓1號墓（劉勝墓）出土過一件雄雞杖首【圖2】，有冠，可知是公雞。漢墓出土陶器，六畜多有，雞也很常見。如山東高唐縣固河村出土漢代綠釉陶公雞【圖3】。

比較：出土文物中的孔雀

孔雀是雉科動物，與雞、雉關係最近，但孔雀生活於熱帶、亞熱帶，北方看不到，對生活在中原的人來說，相當稀罕，屬珍禽異獸之類。《漢書·西南夷兩粵朝鮮傳》載，漢文帝時，南越王趙佗獻「孔雀二雙」，是今兩廣所出。《後漢書·南蠻西南夷列傳》載，漢武帝並昆明，滇地「河土平敞，多出鸚鵡、孔雀」，則是今雲南所出。

滇國銅器有孔雀，如：

1、雲南昆明羊甫頭 113 號墓出土的所謂「銅觚」，上面就以孔雀為裝飾【圖 4】。

2、雲南江川李家山 51 號墓出土的鎏金孔雀銅馬珂，上面也是孔雀紋【圖 5】。

另外，保利藝術博物館藏銅尊，從紋飾看，似是兩廣一帶的器物，蓋頂也有孔雀飾【圖 6】。

比較：出土文物中的鳳鳥

商代甲骨文中的鳳字【圖 7】，頭上有辛字形高冠和孔雀式長尾。

西周中期，鳥紋發展為鳳紋。西周中期流行垂冠大鳥紋【圖 8】，就是當時的鳳紋。

出土文物中的鳳，可以舉兩個例子。

1、海昏侯墓出土西漢鎏金銅當盧或馬珂【圖 9】，上有鳳鳥紋，鳥冠分叉，類似西周大鳥紋。

2、西安市未央區文景路棗園漢墓出土西漢鎏金銅鐘【圖 10】，器蓋有鳳鳥飾。鳳鳥的形象類似雞。

3、洛陽出土漢代墓磚上的鳳鳥紋【圖 11】，既像孔雀，又像雞。

中國晚期的鳳凰形象，也可以舉兩個例子。

1、北京頤和園耶律鑄墓出土的陶鳳凰【圖12】。
2、頤和園仁壽殿前的銅鳳凰【圖13】。
前者像雞，後者像孔雀。

圖 1
商代雄雞飾件
三星堆博物館藏

圖 2
漢代雄雞杖首
河北博物院藏

圖 3
漢代綠釉陶公雞
山東博物館藏

圖 4
滇國銅器上的孔雀
雲南省文物考古研究所藏

圖 5
鎏金孔雀銅馬珂
雲南江川李家山
考古工作站藏

圖 6
漢代銅尊蓋上的孔雀
保利藝術博物館藏

圖 7
商代甲骨文的鳳字

圖 8
西周中期銅器上的鳳紋

圖 9
海昏侯墓出土西漢鎏金
銅當盧或馬珂上的鳳鳥紋

圖 10
西漢鎏金銅鐘上的鳳鳥
西安博物院藏

圖 11
漢代墓磚上的鳳鳥紋

圖 12
頤和園耶律鑄墓出土陶鳳凰
首都博物館藏

圖 13
頤和園仁壽殿前的銅鳳凰

註釋

1 《天水放馬灘秦簡》，85頁：簡39。

2 《睡虎地秦墓竹簡》，220頁：簡78背。

3 《隨州孔家坡漢墓簡牘》，175頁：簡376。

4 《天水放馬灘秦簡》，98頁：簡216、223。

5 《天水放馬灘秦簡》，98頁：簡221。

6 郭郛等《中國古代動物學史》，北京：科學出版社，一九九九年，98-99、431-435頁。

7 郭郛等《中國古代動物學史》，95頁。

8 《爾雅．釋蟲》：「翰（音hàn），天雞。」也把叫聲響亮的昆蟲叫天雞。這種天雞是紡織娘（*Mecopoda elongata*）。

9 天老，相傳為黃帝臣，《漢書．藝文志．方技略》有《天老雜子陰道》。其書久佚，許慎引其佚説，謂鳳的形象糅合了各種動物的特點。他説，鳳字的古文被借作朋黨的朋字，不確。朋黨的朋字是借十貝為朋的朋字，並非鳳字。《廣雅．釋鳥》：「鳳皇，雞頭燕頷，蛇頸鴻身，魚尾骿翼。五色以文：首文曰德，翼文曰順，背文曰義，腹文曰信，膺文曰仁。雄鳴曰即即，雌鳴曰足足，昏鳴曰固常，晨鳴曰發明，晝鳴曰保長，舉鳴曰上翔，集鳴曰歸昌。」也是講鳳的形象糅合了各種動物的特點。

10 郭郛等《中國古代動物學史》，44頁。

11 《書．高宗肜日》：「高宗肜（音róng）日，越有雊（音gòu）雉。」《書序》：「高宗祭成湯，有飛雉升鼎耳而雊。」《説文解字．隹部》：「雊，雄雌（雉）鳴也。雷始動，雉鳴而雊其頸。從隹從句，句亦聲。」

12 漢長安城的建章宮、玉堂殿、靈台有這類設施。《三輔黃圖》卷二：「（建章宮）宮之正門曰閶闔，高二十五丈，亦曰璧門。左鳳闕，高二十五丈。右神明台，門內北起別風闕，高五十丈……《三輔舊事》云：『建章宮周回三十里。東起別風闕，高二十五丈，乘高以望遠。又於宮門北起圓闕，高二十五丈，上有銅鳳皇，赤眉賊壞之。』……古歌云：『長安城西有雙闕，上有雙銅雀，一鳴五穀生，再鳴五穀熟。』按銅雀，即銅鳳皇也。楊震《關輔古語》云：『長安民俗謂鳳皇闕為貞女樓。』《漢書》曰：『建章宮南有玉堂，璧門三層，台高三十丈，玉堂內殿十二門，階陛皆玉為之。鑄銅鳳高五尺，飾黃金棲屋上，下有轉樞，向風若翔，椽首薄以璧玉，因曰璧門。』」卷五：「漢靈台，在長安西北八里。漢始曰清台，本為候者觀陰陽天文之變，更名曰靈台。郭延生《述征記》曰：『長安宮南有靈台，高十五仞，上有渾儀，張衡所制。又有相風銅烏，遇風乃動。一曰：長安靈台，上有相風銅烏，千里風至，此烏乃動。又有銅表，高八尺，長一丈三尺，廣尺二寸，題云太初四年造。』」曹魏鄴城的金鳳台、銅雀台也有類似設施。

13 王其亨《渾源圓覺寺塔及古代候風鳥實物》，《文物》一九八七年十一期，63-64頁。

狗

狗年說狗

大家說，狗之用可謂大矣。

狗不僅是家庭成員，也是軍隊和警隊的成員，狗可導盲，狗可搜救，狗可緝毒，狗可診病，狗是很多小說和影視作品的主角……

狗世界折射着人世界。

狗在十二生肖中的位置

十二生肖，今以狗配戌，放馬灘秦簡《日書》甲種狗作犬。[1]六畜五牲，皆稱犬，不稱狗。[2]睡虎地秦簡《日書》甲種以老羊配戌，下接「盜者赤色」。[3]或說，老羊即犬之異名。[4]但孔家坡漢簡《日書》以老火配戌，下接「盜者赤色」，與睡虎地秦簡《日書》甲種同。[5]我懷疑，「老羊」為「老火」之誤，「老火」與「水日」正好相對。

三十六禽，狗與豺、狼並列，三者確實有親緣關係。《五行大義·論三十六禽》以未為老木，戌為死火。疑「死火」即簡文「老火」。放馬灘秦簡《日書》乙種講鐘律配獸，[6]只有犬，沒有狗，豺兩見。[7]

狗與犬

犬與狗，含義相通，混言無別。如果非說有甚麼差別，那也只在大小，即大者為犬，小者為狗，如《禮記·曲禮下》「效犬者左牽之」孔穎達疏就是這樣講。這個大小不是指形體大小，而是指狗齡大小，成年未成年。小犬叫狗，正如小馬叫駒，熊虎之子叫狗或豿（讀音同狗）。[8]

《爾雅．釋畜》：「犬生三，猣（音zōng；粵音中）；二，師；一，玂（音qí；粵音其）；未成毫，狗。」意思是說，犬生小犬，一胎三隻叫猣，兩隻叫師，一隻叫玂，未成年沒有細毛叫狗。小犬為狗的說法，根據在這裏。

《說文解字．犬部》：「犬，狗之有縣（懸）蹏（蹄）者也，象形。孔子曰：視犬之字如畫狗也。」此書與《爾雅》不同，側重講文字。讀者乍讀這段話，可能會誤解，以為犬是狗的一種。

懸蹄，有多種含義。如《南齊書．樂志》引《俳歌》「馬無懸蹄，牛無上齒」，《齊民要術》卷六講相牛，「懸蹄欲得横（註：『如八字也』）」，懸蹄指偶蹄；《神農本草經》等本草書，則以懸蹄泛指牛、豬的蹄甲。

或說，許慎所謂「犬，狗之有懸蹄者也」，意思是說犬比狗多出一對腳趾，「十八個腳趾的為狗，二十個腳趾的為犬。犬在後腿上比狗多兩個不着地的腳趾，名曰『後撩兒』」，以犬為狗之一種。[9] 這種說法恐怕不對。我理解，許慎以犬、狗互訓，並非把犬當作多出一對腳趾的狗，或以犬為偶蹄犬。相反他是說，這個字是象形字，如孔子所言，好像畫狗。所謂懸蹄，指這個字

的右上一筆像狗抬起一條腿（狗撒尿時會抬起一條腿），就像他把豕字的右上一筆當作撅起的豬尾巴（詳下篇）。總之，這是講字形，與真狗長甚麼樣，有沒有後撩兒無關。雖然，許慎講動物類的部首，一律從小篆立說，未必符合古文字的原始字形（如商代甲骨文），但他講象形字的體例大體如此。

《說文解字．犬部》：「狗，孔子曰：狗，叩也。叩氣吠以守，從犬句聲。」這是採用音訓。狗是見母侯部字，叩是溪母侯部字，古音相近。這段話是接着上面那段話，孔子的話可能出自同書（其書無考）。[10] 許慎對狗字的解釋，大意是說，狗吠是靠嘴巴一開一合，上下相扣，用這種方法嚇唬人，為主人看門。

犬是獨體象形字，許慎的解釋側重字形。狗是形聲字，許慎的解釋偏重字音。

犬是部首，從犬的字很多，顯然是狗類動物的總名（其他動物類的部首也如此）。狗字從犬句聲，只是犬部諸字之一，顯然是專名。

《莊子．天下》說惠施之辯有所謂「狗非犬」論。「狗非犬」屬於解構，把專名和共名拆開，類似公孫龍的「白馬非馬」論。這也可以證明，狗是專名，犬是共名。

狗與狼

狗是犬科動物（*Canidae*）。犬科包括犬亞科、藪犬亞科和狐亞科。

犬亞科包括通常說的狗和狼。

藪犬亞科包括通常說的豺，以及非洲鬣狗、南美森林犬（藪犬）。

狐亞科包括通常說的狐、貉。

狗即家犬（*Canis lupus familiari*）。家犬是由灰狼馴化而來。人類把狼馴化成狗，比其他動物都早，距今多少年，說法不一，至少在一萬年以上。

狼跟狗不同。狼的耳朵是立着的，不會耷拉着；尾巴是拖地走，不會朝上捲。狼常於深夜對月長嚎，狗不會這麼叫，只會對生人汪汪叫。

魯迅經常提到狼，如「忽然，他流下淚來了，接着就失聲，立刻又變成長嚎，像一匹受傷的狼，當深夜在曠野中嗥叫，慘傷裏夾雜着憤怒和悲哀」（《彷徨》）。有些研究者說，他很像一匹孤獨的狼，但狼並不孤獨。

狼是群居動物，與人有很多共同點。其捕食策略對人很有啟發。人用狗打獵，正是發揮牠的特長，難怪會走到一塊兒。

狗與野狗

這裏說的野狗不是今流浪狗（*Dedomesticatio*）。今流浪狗是無意走失或被主人拋棄的家犬。

非洲野狗（*Lycaon pictus*）是非洲的一種野狗。這種野狗屬於犬科動物藪犬亞科非洲野犬屬的一種豺狗，與狼和家犬不是一個科。

澳洲野狗（*Canis lupus dingo*），據說是三千五百至一萬年前被早期人類從亞洲帶到澳大利亞，重新被野化的家犬。這種野狗屬於犬科動物犬亞科犬屬的灰狼亞種，與家犬的關係倒是非常近，外形也相似。

狗是從狼馴化，而不是從這兩種野狗馴化。

狗與貓

貓科動物和犬科動物都是食肉動物，天生好鬥。牠們在野外相遇，難免齜牙咧嘴、吹鬍子瞪眼，彼此充滿敵意。

貓、狗都是人類馴養，但性格不同，跟人的關係不一樣。貓科動物比犬科動物更難於馴化。有人說，貓不如狗聽話，就是到現在也沒有完全馴化。

我養過貓，不止一次。牠是哪兒有吃喝上哪兒，哪兒暖和上哪兒。

貓養在屋裏，除了夜間抓老鼠，總是養尊處優，臥在甚麼地方打盹，對人愛搭不理。[11] 狗的任務是看大門，守在門外邊，出來進去，總是圍着主人團團轉，搖尾乞憐。

奧威爾筆下的老貓，是二流子和落後分子的象徵，好吃懶做，不勞動，經常逃會，幹事的時候瞅不見，有便宜可佔、有好處可撈，牠才積極報名。

人們常說，貓見不得狗，狗見不得貓，這是講從前。

現在，狗已全面接軌國際化，離開農村，進城落戶，不是高樓大廈，就是豪華別墅，登堂入室，跟人住一塊兒。狗是家庭成員，有身份證。衣食住行，吃喝拉撒睡，人有甚麼，狗有甚麼。狗出門，人跟在狗的屁股後面，屁顛屁顛兒，一路撿狗屎。狗的全套服務已經形成完整產業鏈，如美容店、狗旅館、狗醫院、狗墓地，生老病死，全都提供服務。美國狗還可繼承巨額遺產，中國要不要跟進？

這種狗已經越來越不像狗，更像玩偶，供人消愁解悶尋開心。孤獨寂寞、晚境淒涼的人越來越依賴貓狗，這是現代病。貓狗是他們的心理醫生。

現在，貓不抓耗子，狗不管看門，全都變成寵物。

寵物是廢物，武功全廢，只會討好人。

人就愛這種廢物，不會說話，聽人擺佈。

流浪狗與流浪貓

人馴化動物，也馴化自己。人馴化人叫訓練或教育。動物也會教育牠們的孩子，教牠們生存技能，追擊或逃跑。

人從父母身邊走向社會，就像動物教牠們的孩子走向山林草莽。

古代的冠禮（成丁禮）是訓練年輕人當戰士。孔子說，「以不教民戰，是謂棄之」（《論語．子路》）。

流浪狗與流浪貓是被人拋棄的狗和貓。為甚麼被人拋棄，原因很多。

有的是不小心丟了。

有的是主人死了，沒人養了。

有的是老了，病了，玩膩了，不新鮮了。

有的是過於名貴，砸錢太多，養不起就不養了。

這不是經過野化訓練自然而然的放歸，而是剝奪其生存技能於先，甩給殺機四伏的大自然於後。就像失職的父母，先是嬌生慣養，百依百順，要星星不給月亮，然後把他們投入充滿殘酷競爭的當代社會，讓不能適應社會的孩子，一輩子當啃老族。

不僅貓有流浪貓，狗有流浪狗，人也有流浪漢。

美國的流浪漢叫 homeless，意思是無家可歸者。

孔子曾自嘲，說自己無家可歸，有如「喪家狗」。

我說，凡是懷抱理想而失去精神家園的人都像「喪家狗」。

人類製造的狗世界

人類按自己的想像塑造了狗，高的高，矮的矮，胖的胖，瘦的瘦，大的像頭驢，小的像隻貓，千奇百怪。

柴爾德說的新石器革命是廣義的農業革命，人類學會養牲口、種莊稼是人類生活的偉大轉折。但同屬新石器革命，生態條件不同，靠山吃山，靠水吃水，農、林、牧、副、漁，比重不

同，人們對六畜的態度也不太一樣。

狗的馴化，最早在亞洲。中國很早就馴化狗，但中國最不拿狗當東西，對狗的尊重遠不如歐洲。歐洲人愛打獵，畜牧業的背景比我們深。他們對狗的熱愛遠遠超過中國。中國最重種植業，太愛吃糧食，太愛吃豬肉，太愛用狗罵人。

狗的第一用途是打獵，[12]其次是牧羊，再次是看門。因紐特人還用雪橇犬拉雪橇。我們看重的主要是看門。狗不看門，下場很慘。屠狗是很古老的營生。

人用狗罵人，等於罵自己

六畜之中，豬、狗挨罵最多，尤其是狗。如「豬狗不如」、「狗東西」就是最常見的罵人話。

人罵豬，主要是罵牠髒，罵牠蠢，罵牠好吃懶做。但牠吃甚麼東西，住甚麼地方，怎麼活法，怎麼死法，全都是人類安排好的。

人罵狗，如「狗急跳牆」、「狗眼看人低」、「狗改不了吃屎」、「狗咬狗，一嘴毛」、「狗咬呂洞賓，不識好人心」。這些都是輕的。

人看不起狗，反而是牠的忠誠。就像主子看不起奴才。

奧威爾的《動物農場》，九條巨犬（nine enormous dogs）是影射蘇聯的秘密警察，負面形象僅次於拿破崙豬。

狗對人，忠心耿耿，死心塌地。但人對狗，卻是「狡兔死，走狗烹」（《史記・越王勾踐世家》）。

其實，豬、狗是人所馴養，人按自己的需要塑造了牠們，把牠們改造得面目全非，卻又不滿意自己的作品。人用豬、狗罵人，等於罵自己。

狛犬

日文有個詞，叫狛犬（こまいぬ，koma inu）。狛同貊，即濊貊[13]（音 huì mò）之貊，指高麗。koma 是高麗，inu 是犬。

高麗式狛犬【圖1】是看門石獅，跟中國的石獅大同小異。

獅子，原產非洲，北傳西亞、南亞。用石獅為神廟、宮殿、陵墓看大門，本來是西方藝術的傳統，現在是世界性的文化遺產，到處都有。[14]

中國沒有獅子，但漢以來西域各國不斷向中國進貢獅子，從此，不但用石獅守門傳入中國，

舞獅也隨佛教從西域傳入中國。中國的石獅是從西亞傳中亞，中亞傳中國。日本的石獅是從中國傳朝鮮，朝鮮傳日本。

獅子叫狛犬，原因在於，獅子的形象越來越像看門狗。這種狗化獅，公元前七世紀在埃及已有先例，薩珊時期的波斯，鬈髮獅和狗化獅逐漸流行開來，唐以來，中國的獅子造型越來越像看門狗【圖2】，有些甚至像貓【圖3】。

大營子娃娃小營子狗

我養過狗。我有一篇文章《大營子娃娃小營子狗》，講我養的狗。[15] 貧下中農，我們的老師說：大營子娃娃小營子狗，娃娃是大村子厲害，狗是小村子厲害。這話充滿哲理。

我講的狗故事是發生在農村。

現在的狗故事已經轉到城裏。

再大的村子也比不了城市。

在那篇文章裏，我提到過一個美國老太太，她到過長沙，寫過長沙，她問我，為甚麼中國不讓在城裏養狗。

如今，她該高興了。養狗之風席捲中國。中國的改革開放，連狗都不會落下。牠們已大舉進城，住進高樓大廈，電梯上下，出沒於各個小區的綠地花園。

狗已經變成狗文化。

大家說，狗之用可謂大矣。狗不僅是家庭成員，也是軍隊和警隊的成員，狗可導盲，狗可搜救，狗可緝毒，狗可診病，狗是很多小說和影視作品的主角……

狗世界折射着人世界。

出土文物中的狗

1、中山王墓雜殉坑出土過兩副狗骨架【圖4】，估計是中山王的獵犬。報告稱，這兩隻獵犬，一隻

圖 1
狛犬
首爾景福宮光化門外

身長87厘米，高62厘米；一隻身長90厘米，高65.5厘米。兩隻狗，後胯下有陰莖骨，年齡在七歲左右。牠們的脖子上有金銀管串成的項圈和繫繩的銅環。可惜骨架遭損毀，今已無存，只留下項圈【圖5】。[16] 我曾把照片寄給動物考古學家安家瑗，向她請教這是甚麼狗。她說，目前關於狗的體型並無確定標準，有人分為五種：超小型犬，肩高不超過25厘米，體重不超過4公斤（如約克夏、吉娃娃）；小型犬，肩高不超過40厘米，體重不超過10公斤（如蝴蝶犬、北京犬、西施犬）；中型犬，肩高在41-60厘米，體重在11-30公斤（如鬆獅犬、鬥牛犬、拳獅犬）；大型犬，肩高在61-70厘米，體重在31-40公斤（如德牧、秋田、拉布拉多）；超大型犬，肩高超過71厘米，體重超過41公斤（如藏獒、聖伯納、大丹犬、紐芬蘭犬）。這兩隻狗從報告尺寸看，屬於大型犬。

2、漢以來的墓葬，常以表現六畜的陶器或釉陶器隨葬。狗的形象，經常出現。有些像狼狗，支棱着耳朵；有些是普通的土狗，耷拉着耳朵。有些是大犬，有些是小狗。姿態或立或蹲或臥，有些還仰首狂吠。如山東高唐縣固河村出土、山東博物館藏漢代綠釉陶狗【圖6】是一隻大狼狗，而陝西歷史博物館藏所謂鎏金虎鎮，則像一隻側臥的小土狗【圖7】。仰首狂吠的狗，有廣東省博物館藏綠釉陶吠犬【圖8】。但我更喜歡，還是安徽博物院藏綠釉小狗【圖9】。這是名副其實的狗。

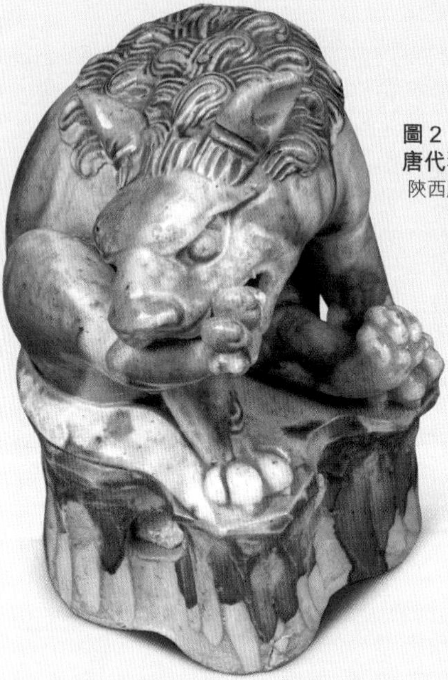

圖 2
唐代狗化獅
陝西歷史博物館藏

圖 3
唐代獅鎮
安徽博物院藏

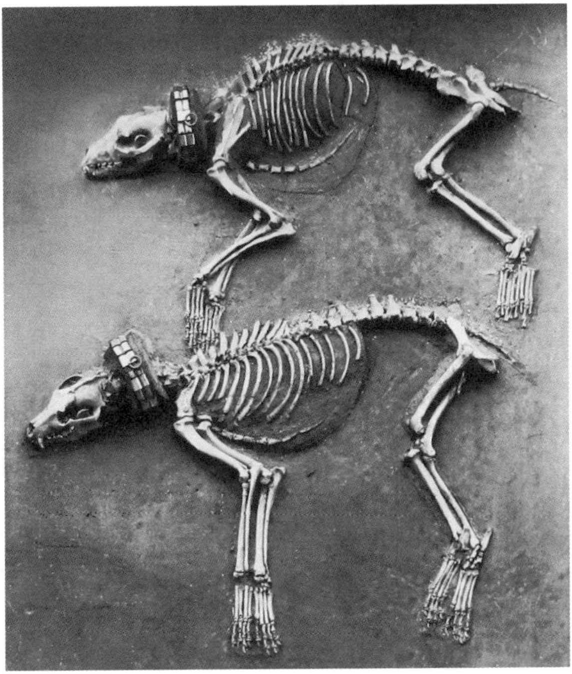

圖 4
中山王墓殉犬

圖 5
中山王墓殉犬的包金銀項圈
河北博物院藏

圖 6
漢代綠釉陶狗
山東博物館藏

圖 7
漢代鎏金虎鎮
陝西歷史博物館藏

圖 8
漢代綠釉陶吠犬
廣東省博物館藏

圖 9
漢代綠釉陶小狗
安徽博物院藏

註釋

1 《天水放馬灘秦簡》，85頁：簡40。

2 睡虎地秦簡《日書》乙種講六畜良日，簡文有犬良日，見《睡虎地秦墓竹簡》，235頁：簡74壹。

3 《睡虎地秦墓竹簡》，220頁：簡79背。

4 饒宗頤《雲夢秦簡日書研究》，收入《楚地出土文獻三種研究》，北京：中華書局，一九九三年，405-441頁。

5 《隨州孔家坡漢墓簡牘》，175頁：簡377。

6 《天水放馬灘秦簡》，99頁：簡236。

7 《天水放馬灘秦簡》，99頁：簡213、214。

8 《說文解字·馬部》：「馬二歲曰駒……」《爾雅·釋獸》：「熊虎丑，其子狗。」釋文狗作豿。段玉裁《說文解字注》已指出這一點。

9 王世襄《錦灰堆》，北京：生活·讀書·新知三聯書店，一九九九年，貳卷，642頁。

10 《禮記·檀弓下》提到「仲尼之畜狗死，使子貢埋之」，未及此。

11 北大校園中有流浪貓。去年冬天，雪後的未名湖，湖心冰面上臥着一隻貓，讓我好生奇怪。

12 古書中與打獵有關的字多從犬，如《說文解字·犬部》的獮（音xiǎn，同獮）、獵、獠（音liáo）、狩、臭、獲等字。

13 狛（音pò）字見《說文解字·犬部》，指牧羊犬。許慎的解釋是「狛，如狼，善驅羊。從犬白聲，讀若檗（柏）。寧嚴讀之若淺泊（洦）」。

14 李零《「國際動物」：中國藝術中的獅虎形象》，收入氏著《萬變》，北京：生活·讀書·新知三聯書店，二〇一六年，329-387頁。

15 李零《大營子娃娃小營子狗》，收入氏著《花間一壺酒》，太原：山西人民出版社，二〇一三年，306-317頁。

16 河北省文物研究所編《𡑞：戰國中山國國王之墓》，北京：文物出版社，一九九六年，94-95頁；東京國立博物館等《中山王國文物展》，東京：日本經濟新聞社，一九八一年，單色圖版36。

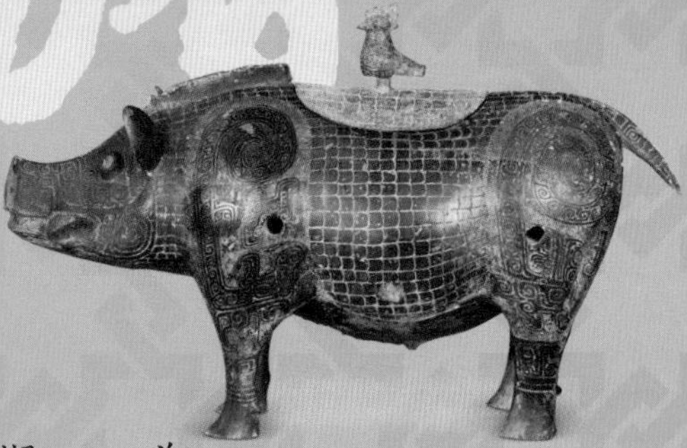

豬年說豬

豬被人養，不用耕田，不用拉車，只為催肥，只為下崽，只為滿足人的口腹之慾，等着人宰。

豬是人的作品。人罵豬，其實是罵自己。豬既不懶，也不笨，很聰明，很厲害。

豬在十二生肖中的位置

十二生肖，亥位配豬，放馬灘秦簡《日書》甲種、睡虎地秦簡《日書》甲種、孔家坡漢簡《日書》豬作豕。[1] 六畜五牲，皆稱豕，不稱豬。[2] 今十二生肖以豬代豕，類似上文以雞代雉，以狗代犬。豬、雞、狗都是更通俗的名稱。

三十六禽，以豕、豚配豬，三者屬於同類。

豬與豕

古書與豕有關的字很多。《說文解字》有豕部，以及從豕部派生的㣇（音yì；粵音岔）部、彑（音jì）部和豚部。

豕部有二十二字，豕是第一字，豬（同猪）是第二字。

許慎對這兩個字的解釋是：

豕，彘也。竭（揭）其尾，故謂之豕，象毛足而後有尾，讀與豨同。按今世字誤，以豕為彘

（彖），以彘（彖）為豕，何以明之？為啄〈喙〉、琢〈瑑〉從豕，蠡〈蠡〉從彘〈彖〉，皆取其聲，以是明之。凡豕之屬皆從豕，𧰲，古文。3

豬，豕而三毛叢居者。從豕者聲。

許慎對豕字的解說比較長。「按今世字誤」以上和「以是明之」以下是許慎的話。中間的按語，徐鉉說「此語未詳，或後人所加」。

許慎說，「豕，彘也」，「彘，豕也」（在彑部），屬於互訓。這是講豕字的字義，等於說豕是野豬，野豬是豕。

許慎說，「竭（揭）其尾，故謂之豕，象毛足而後有尾」。這是講豕字的字形。商代甲骨文的豕字，首身足尾俱全，小篆的寫法有點變形。許慎據小篆字形為說，以一為首，左邊四筆象四足，右邊一筆象撅起的尾巴。

許慎說，「讀與豨同」，意思是說，豕與豨（音 xī）古音相同。這是講豕字的讀音。豕部下文「豨，古有封豨脩（修）虵（蛇）之害」，語本《淮南子．本經》。「封豨脩虵」，他書豨或作豕，如《左傳》定公四年「吳為封豕長蛇」。

按語，主要講錯別字，這段話是否為後人所加，一直有爭論。「今世」，如為許慎語，當為東漢，否則為東漢後、徐鉉前的某一時期。當時人寫錯別字，不但把㣇、彖寫成象，而且與豕混淆，或把喙（音huì）、瑑（音zhuàn）的右旁寫成豕，讀成豕；或把蠡字的上半寫成豕，讀成豕。

古文豕，寫法同亥，古人常把這兩個字弄混，即成語所謂「魯魚亥豕」。

許慎對豬字的解說比較短。段玉裁《說文解字注》：「三毛叢居者，謂一孔生三毛也，說見蘇頌《本艸圖經》犀下」，恐怕不對。《左傳》定公十四年「艾貑」，釋文引《字林》以三毛聚居者為艾。桂馥、王筠以為「三毛叢居」是釋豭字，並非豬字，但艾豭亦豬，毛孔應當相同。這都是從書本到書本。其實，我們只要觀察一下豬皮，這個問題並不複雜。「豕而三毛叢居者」是講豬皮上的毛孔分佈。豬皮上的毛孔是三孔一組，如品字形。

豕、彘互訓，這兩個字有甚麼區別？

豕見商代甲骨文，是個象形字。彘見商代甲骨文，象中箭之豕。中箭之豕，當然是野豬了，沒有問題。豕不太一樣。豕是豬科動物的泛稱，可以兼指野豬、家豬，但豕的本義應該是野豬，代指家豬反而是後起。如漢初「竇太后好老子書，召轅固生問老子書。固曰：『此是家人言耳。』太后怒曰：『安得司空城旦書乎？』乃使固入圈刺豕。景帝知太后怒而固直言無罪，乃假固利兵，下圈刺豕，正中其心，一刺，豕應手而倒」（《史記·儒林列傳》），其事若李禹（李廣孫）下圈刺虎。當時的豕圈、虎圈，都是皇家苑囿，類似今野生動物園。轅固生刺豕，肯定是刺野豬。如果是家豬，算甚麼懲罰？

猪，本作豬，早期未見，戰國楚簡始見之。豬是家豬的專名。這個字，早期古書多用為瀦。如《書·禹貢》「大野既豬」，《周禮·地官·稻人》「以豬畜水」，《禮記·檀弓下》「洿其宮而豬焉」，《左傳》襄公二十五年「規偃豬」，都是借豬為瀦，指蓄水為池澤溝洫。當家畜講的豬，見《左傳》定公十四年、《墨子·親士》、《管子·地員》和《荀子》的《榮辱》《正論》。這種用法的豬應與瀦字有關。瀦，意思是積水瀦留。豬圈正是屎尿瀦留處。[4] 我猜，其名應與這一概念有關。

豬，本來是野生動物，天作房，地作炕，隨遇而安。牠們經馴化，改住豬圈，不但跟人廁不分，自己就住在屎尿之中。人罵豬髒以此。

豬睡在低濕之地，容易生病，屎尿攢多了，要定期出圈，用柴草墊圈。墊圈的柴草，古人叫橧（音 céng，粵音增）。

現代養豬場，豬舍內要劃出排糞區，挖溝排屎尿，或鋪設縫隙地板。這跟人類住宅要解決廁所問題是一個道理。

許慎對豬科動物的分類

《說文解字．豕部》，豬字和豬字以下的字大多與家豬有關。如公豬叫豭（音 jiā；粵音加），母豬叫豝（音 bā；粵音巴），小豬叫豰（音 bó；粵音哭），三個月大的小豬叫豯（音 xī；粵音兮），半歲或一歲大的小豬叫豵（音 zōng；粵音中），劁（音 qiāo；粵音潮）過的豬叫豶（音 fén；粵音汾）、豧（音 wéi）。5

㣇部有五字，包括𧰯（豪）、𢑱（彙），二字皆從㣇。前者即豪豬（*Hystrix*），後者即刺猬（*Erinaceinae*），與豬無關。古人認為，這兩種動物跟豬有點像，身上都有刺，但豪豬是嚙齒目豪豬科動物，刺猬是猬形目猬科動物，與豬科動物不同。

彑部有五字，彑是第一字，彘是第二字。

> 彑，豕之頭，象其銳而上見也。凡彑之屬皆從彑，讀若罽（音 jì）。
>
> 彘，豕也。後蹏（蹄）發（廢），謂之彘，從彑矢聲，從二匕，彘足與鹿足同。

彑是豬頭。彘，四足，字形只有前腳，作二匕，寫法與鹿字同。

豚部只有兩個字，豚是小豬。

家豬與野豬

豬科動物有家豬（*Sus scrofa domesticus*）、野豬（*Sus scrofa*）之分，從形象上就能看出來。野豬是豬的本來面目，頭大身短，四肢發達，鼻嘴長，有獠牙。牠在野外生活，能刨能拱，甚麼都吃，生存能力強，四肢發達跑得快，特別能戰鬥。

家豬是人類馴化的結果，吃住全包，能吃能睡，以退化為進化，武功全廢。吻部越來越短，身子越來越長，肚子越來越大，獠牙逐漸退化，一身肥膘，胖嘟嘟，沉甸甸。

有人做過比較，豬的頭身比例，以前肢劃界，可以分為前後兩段。亞洲野豬，前段佔百分之七十，後段佔百分之三十；原始家豬，前段佔百分之五十，後段佔百分之五十；現代家豬，前段佔百分之三十，後段佔百分之七十。大趨勢是腦袋越來越小，身子越來越長。[6]

豬是以肥見殺。「肥」是人對豬的唯一讚美。現在有個詞叫「生豬」，經濟學家會說，「存欄生豬」有多少多少。「生豬」是活豬，養在圈裏，沒有送進屠宰場。過去，北大附中挨着屠宰場。我在人大附中上學，離北大附中很近，每天都會路過黃莊。我記得，有人用板車拉着生豬往屠宰場送。豬很清楚自己上哪裏，牠是一路狂嚎。

豬和牛、羊不同。牛、羊任人宰割，不大反抗。牛挨宰，會下跪，會流淚。羊挨宰，旁邊的羊居然無動於衷，埋頭吃草，照吃不誤。只有豬，死也得嚎幾嗓子，絕不認命。

殺豬一般，是形容慘烈的叫聲。

人道屠宰

如今有所謂「人道屠殺」，讓豬死前一聲不吭。

二〇〇七年十二月十六日，中國人道屠宰項目在商務部的支持下，由世界動物保護協會的培訓合作夥伴北京朝陽安華動物產品安全研究所在河南正式啟動。

二〇〇八年十二月十五日，國家標準委發佈《生豬人道屠宰技術規範》，其中有「人道屠宰」的定義：減少或降低生豬壓力、恐懼和痛苦的宰前處置和屠宰方式。

這是同國際接軌。

網上說，不正當的屠宰方式，不但會使動物受到驚嚇，還會使肉品胴體瘀血、表皮出現斑點和骨折等現象，從而降低肉的品質……用人道的方法對待待宰的家畜，就能減少生前過猛的刺激

和痛苦，可降低宰前應激，從而降低肌肉酸化的速度和程度，降低白肌肉、黑乾肉的發生率，改善肉品品質。

據說，最愛吃豬肉的德國人，他們殺豬的辦法最人道，即先把豬請進蒸汽房，安撫牠們躺下，悠閒地桑拿一次。在桑拿期間，還會放一些輕音樂，並給豬服下一種類似安眠藥的東西，讓豬做個美夢，零痛苦地再也不會醒來。

然而，關於羊，我卻聽到另一種理論。草原上不能沒有狼，狼不但可以維護草原上的生態平衡，防止羊把草場啃壞，還有益羊的健康。如果沒有狼在屁股後面攆羊，讓牠們心驚肉跳、精疲力竭，把老弱病殘吃掉，只剩最健康的羊，羊肉就不好吃。

這我就納悶兒了，到底哪種說法對？

養豬日豢

野豬是歐亞大陸的典型動物。農業革命，歐洲野豬和亞洲野豬先後被馴化，據說中國領先。中國人從八千年前就開始養豬。

養豬，古人叫豢。最初是散養，如西漢丞相公孫弘就曾「牧豕海上」（《史記．平津侯主父列傳》），後來改圈養。圈養才叫豢。

古人把豬養在家裏。家字從宀從豕，像屋簷底下一口豬。豬是農戶的標誌。

養豬的地方，古人叫圂。圂是人廁、豬圈合一，人在上面屙，豬在下面吃。這種形制的陶廁多有出土【圖1】。當年，我在山西祁縣見過這樣的圂，不知現在還有沒有。

豬對人有大貢獻。過去有宣傳畫，叫「肥豬渾身都是寶」，畫上有各種小箭頭指向牠身體的各個部位，比如肥皂，老人叫豬胰子，就是其中一寶。當然，豬的用途主要還是吃。豬身上，甚麼東西都可以吃，包括豬皮。豬皮做皮鞋，毛孔粗大，不如牛皮，卻是「豕而三毛叢居者」的見證。

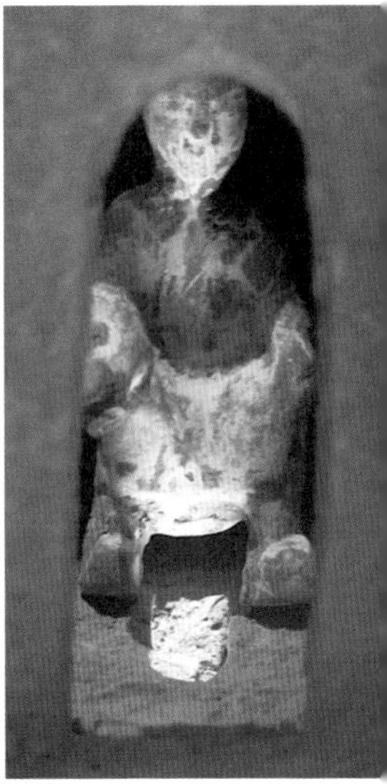

圖 1
漢代陶廁
榆林漢畫像石博物館藏

我養過豬。當年，我在內蒙古臨河縣（今巴彥淖爾市）插隊，先抓的豬崽是個難養的克朗豬。克朗豬是劁過的小豬，即古人所謂的豶、豮。這傢伙，光吃不長，越養越瘦，只好燉着吃了。後來那口大肥豬，主要是插友志敏的功勞。我們蓋新房，請人把豬殺了，拿槽頭肉請上樑人吃。豬肉凍在房頂上，天天豬肉貼餅子，那個冬天實在難忘。

為豬辯誣

豬，常被人稱為蠢豬。人不但罵豬，還以豬罵人，常以豬形容人之懶惰和愚蠢。比如《西遊記》中的豬八戒，就是個好吃懶做、貪財好色的角色。俗話說，豬八戒吃人參果，不知滋味；豬八戒娶媳婦，想得美。只要提到豬，沒一句好詞。

豬在西方也經常是反面角色。如奧威爾的《動物莊園》。

奧威爾說，他是左翼，他的立場是「動物立場」，他是站在「動物」一邊，而不是「人」一邊。但他筆下的動物，除了忠勇近愚的拳擊手（公馬）和苜蓿（母馬），不是獨裁者（豬）和獨裁者的走狗（狗），就是隨大流者、觀望者和叛逆者（其他動物），簡直是「洪洞縣裏無好人」，他的立場到底怎麼擺？左翼變右翼，「人豬大團圓」，由此埋下伏筆。

豬被人養，不用耕田，不用拉車，只為催肥，只為下崽，只為滿足人的口腹之慾，等着人宰。豬是人的作品。人罵豬，其實是罵自己。

豬既不懶，也不笨，很聰明，很厲害。

豕虎鬥日豦

豬有多厲害？要看野豬。野豬才是豬的本來面目。

俗話說，一豬、二熊、三老虎，獵人都知道。野豬，皮糙肉厚，簡直刀槍不入，個頭大者，體重可達四五百公斤，奔跑速度可達每小時四五十公里，好像一輛小坦克。牠的鐵頭功十分了得，一頭撞去，山搖地動，讓人想起共工怒觸不周山。

古人形容豬，有個詞，叫「豕突」或「豬突」。野豬橫衝直撞，代表勇敢。王莽曾「大募天下丁男及死罪囚、吏民奴，名曰『豬突豨勇』，以為鋭卒」（《漢書·王莽傳下》）。

老虎喜歡捕殺野豬，據說，伊犁虎的滅絕就跟野豬數量減少有關。當然，更主要的原因恐怕還在人。野豬碰到老虎，絕不會束手就擒、坐以待斃，牠會跟老虎作拼死一搏。豕虎搏鬥，不但見於北方草原青銅器，也見於滇國銅器。《說文解字·豕部》有個豦字（音 jù；粵音瞿），許慎的解釋是「鬥相丮（音jǐ；粵音激）不解也。從豕虍，豕虍之鬥不解也」。

野豬和老虎打鬥見於兩件藝術品（圖像見前「虎年說虎」節），請欣賞：

1、一九七九年內蒙古準格爾旗布爾陶亥公社西溝畔2號墓出土金帶扣，紋飾作老虎與野豬相互扭打，彼此啃對方的屁股，銘文作「故寺豕虎。三十。一斤五兩四朱（銖）少半」，字體為秦文字。[7]「故寺」是某縣舊衙署，「豕」是野豬，「虎」是老虎，「三十」是編號，「一斤五兩四朱（銖）少半」是重量。

2、不列顛博物館藏伊朗—阿富汗系砷銅斧，據說出土於阿富汗，年代約在公元前二千年。斧柄、斧身、斧刃以浮雕的動物為飾，作老虎撲食山羊，背後遭野豬偷襲，老虎正回頭看。[8]

出土文物中的豬

1、河姆渡陶豬【圖2】，浙江余姚河姆渡遺址出土（T243④A:235），中國國家博物館藏。此豬形象有點像野豬。

2、河姆渡陶盆上的豬紋【圖3】，浙江余姚河姆渡遺址出土，浙江省博物館藏。此豬長喙。

3、商代豬尊【圖4】，湖南湘潭船形山出土，湖南省博物館藏。此豬有獠牙。

4、西周豬尊【圖5】，晉侯墓地113號墓出土（M113:38），山西侯馬晉國古都博物館藏。此豬有獠牙。

5、西周豬磬【圖6】，湖南湘陰城關鎮出土，上海博物館藏。

6、鄂爾多斯式豬形青銅飾件【圖7】，徵集品，鄂爾多斯青銅器博物館藏。此豬頭大身小，類似野豬，但未表現獠牙。

7、滇國青銅斧上的豬形裝飾【圖8】，雲南昆明官渡區羊甫頭村出土（M113:38），雲南省文物考古研究所藏。

圖 2
河姆渡陶豬
中國國家博物館藏

圖 3
河姆渡陶盆上的豬紋
浙江省博物館藏

圖 4
商代豬尊
湖南省博物館藏

圖 5
西周豬尊
晉國古都博物館藏

圖 6
西周豬磬
上海博物館藏

圖 7
鄂爾多斯式豬形青銅飾件
鄂爾多斯青銅器博物館藏

圖 8
滇國青銅斧上的豬形裝飾
雲南省文物考古研究所藏

註釋

1 《天水放馬灘秦簡》，98頁：簡222；《睡虎地秦墓竹簡》，220頁：簡80背；《隨州孔家坡漢墓簡牘》，175頁：簡378。

2 睡虎地秦簡《日書》乙種講六畜良日，簡文有豬良日，見《睡虎地秦簡竹簡》，235頁：簡73。

3 段玉裁《說文解字注》對這段話有三虎修改：一是「象毛足而後有尾」改「象頭四足而後有尾」，二是「以豕為㣇，以㣇為豕」改「以豕為豕，以彖為彖」、三是「為彖、啄從豕，琢從㣇」改「為啄、琢從豕，蠡從彖」。案：《說文解字》有三個字字形相近，容易混淆，一個是希字（音yì），許慎的解釋是「脩豪獸，一曰河內名豕也」，久廢不用；一個是彖字（音chì），許慎的解釋是「豕也」，乃豕字異體，也久廢不用；一個是彖字（音tuàn），許慎的解釋是「豕走也」，與豫（音chuàn，意思是獸走）、貒（音tuàn，亦作猯，意思是野豬）二字有關，《易傳》用為占斷術語。這三個字作聲旁，寫法逐漸混同，皆作彖。我理解，這裏發生混淆，主要在豕、彖之間，與段玉裁的理解不太一樣。

4 《五行大義．論三十六禽》引《式經》：「亥為雜水，穢濁廁溷之象，豬之所居。」

5 《爾雅．釋獸》：「豕子，豬。豶，豮。幺，幼。奏者豱。豕生三豵，二師，一特。所寢，橧。四豴皆白，豥，其迹刻。絕有力，豝。牝，豝。」《方言》卷八：「豬，北燕、朝鮮之間謂之豭，關東西或謂之㣇，或謂之豕，南楚謂之豨。其子或謂之豚，或謂之豯，吳、揚之間謂之豬子。其檻及蓐曰橧。」

6 郭郛等《中國古代動物學史》，北京：科學出版社，一九九九年，374頁：圖12-13。

7 田廣金、郭素新《鄂爾多斯青銅器》，北京：文物出版社，一九八六年，351-356頁。

8 John Curtis, *Ancient Persia*, Cambridge: Harvard University Press, 1990, p. 11, fig. 7.

www.cosmosbooks.com.hk

書　　名 十二生肖中國年

作　　者 李　零

責任編輯 祁　思

美術編輯 楊曉林

出　　版 天地圖書有限公司
香港黃竹坑道46號
新興工業大廈11樓（總寫字樓）
電話：2528 3671　傳真：2865 2609
香港灣仔莊士敦道30號地庫（門市部）
電話：2865 0708 傳真：2861 1541

印　　刷 亨泰印刷有限公司
柴灣利眾街德景工業大廈10字樓
電話：2896 3687　傳真：2558 1902

發　　行 香港聯合書刊物流有限公司
香港新界荃灣德士古道220-248號荃灣工業中心16樓
電話：2150 2100 傳真：2407 3062

出版日期 2021年2月 初版・香港

ISBN : 978-988-8549-41-2

本書原由生活・讀書・新知三聯書店有限公司以書名《十二生肖中國年》出版，
經由原出版者授權本公司在港澳台地區出版發行本書。